Weisungen der Väter   Band 5

Herausgegeben von
Gabriel Bunge OSB und Jakobus Kaffanke OSB

Karl Suso Frank

„DIE SELIGE SYNKLETIKE WURDE GEFRAGT"
VITA DER AMMA SYNKLETIKE

Weisungen der Väter
Band 5

Karl Suso Frank

„DIE SELIGE SYNKLETIKE WURDE GEFRAGT"

VITA DER AMMA SYNKLETIKE

Eingeleitet und übersetzt von Karl Suso Frank

Beuroner Kunstverlag

Impressum:

Gestaltung und Herstellung:
Präsenz Medien, Gnadenthal
Druck: Mariannhiller Missionsdruckerei, Reimlingen
© Beuroner Kunstverlag, Beuron 2008
Originalausgabe, 1. Auflage 2008
Umschlagbild: Ismini Petzolt
Alle Rechte vorbehalten
ISBN 978-3-87071-169-6

INHALT

„Vor-Wort" zum Autor   7

Das Leben der hl. Synkletike – Einleitung   9

Vita Synkletike   29

Asketinnen in den Apophthegmata Patrum –
insbesondere die Amma Synkletike   76
    Frauen in den Apophthegmata Patrum   78
    1. Amma Theodora   79
    2. Amma Sarrha   82
    3. Amma Synkletike   86
    Die Apophthegmata der Amma Synkletike   90

Verzeichnis der Abkürzungen   95

VORWORT

„Vor-Wort" zum Autor
von seinem Bruder P. Isnard W. Frank OP

Einen wichtigen Impuls für Richtung und Gestalt des Lebens gab meinem, um zweieinhalb Jahre jüngeren Bruder Karl (mit Ordensnamen Suso) und mir der Genius Loci unseres Heimatortes Wiblingen (bei Ulm) mit der ehemaligen Benediktinerabtei. Der eine Schwerpunkt dieses Denkmals war für uns beide die Klosterkirche. Sie ist der letzte sakrale Großbau in der an solchen Bauten reichlich ausgestatteten katholischen Kulturlandschaft Süddeutschlands. Spätbarock waren daran noch Plan und Fundamentbau; weitere Ausführung und Ausstattung im klassizistischen Stil. Die Bibliothek – der andere Schwerpunkt – ist ein eindrucksvoller Prunkraum, ein harmonisches Ensemble von Architektur, Malerei, Plastik und Mobiliar wie das nur das spätbarocke Rokoko der süddeutschen Kulturlandschaft zuwege bringen konnte. Kirche und Bibliothekssaal waren gleichsam sichtbarer Ausdruck für die geistig-geistliche Lebenspolarität des „ora et labora". Der Imperativ zur Arbeit evoziert durch die Büchersammlung der Bibliothek, der Imperativ zum Gebet durch die in goldener Kapitale geschriebene Inschrift im Giebel der Hochaltarwand: Adorate Dominum In Atrio Sancto Eius.

Zum engeren Forschungsbereich von P. Suso gehörte die Geschichte der Abtei nicht. In dem kleinen Beitrag „Ordensikonografie in der ehemaligen Benediktinerabtei Wiblingen" befasste er sich auch mit den Themen der Reliefs in den Chorgestühldorsalen. Dank seines im Umgang mit den Quellen geübten Scharfblicks präzisierte und korrigierte er darin einige in der Literatur angegebene Ungenauigkeiten und Falschangaben der dargestellten Begebenheiten. Präsent waren P. Suso Geschichte und Einzelheiten von Kirche und Kloster jedoch immer. Noch wenige Tage vor seinem plötzlichen Tod ging es in einem Telefongespräch mit mir um eine Einzelheit in der in der Wiblinger Klosterkirche angebrachten Gedenktafel für den am 22.6.1805 in Wiblingen verstorbenen Carl Klocker, den letzten Abt von Benediktbeuren.

Zu seinem fünfzigsten Geburtstag wünschte sich P. Suso von seinen Geschwistern ein großformatiges farbiges Foto von der doppelfigürlichen plastischen Allegorie der Geschichtswissenschaft im Wiblinger Bibliothekssaal: Chronos, der das Geschehene vergessen machen will; die

Geschichte – als Frauenfigur –, die das Vergangene nicht nur in Erinnerung behält, sondern sich auch noch bemüht, Gewesenes unbestechlich zu beschreiben wie es war. Diese ausdrucksstarke Allegorie kann auf den Verstorbenen bezogen werden: Geschehenes vor dem Vergessen zu bewahren. P. Susos erstaunlich gutes Gedächtnis erleichterte ihm diese Erinnerungsaufgabe, die er in erster Linie auf seinen bevorzugten Tätigkeitsbereich bezog: Altes Mönchtum, die literarischen Zeugnisse von Frömmigkeit in Verfassung und Lebensstil. Die Väter und Mütter von spätantiker Kirchlichkeit zur Sprache zu bringen, war sein großes Anliegen.

Der auf die Kirchenväter bezogene Ausspruch des Isidor von Sevilla: „Meine Stimme spricht mit ihrer Zunge", trifft auch auf P. Suso zu, vor allem auf den Professor der Alten Kirchengeschichte. Sprachbegabt wie er war, wurde er in seinen Vorlesungen zum Anwalt der Väter und Mütter der Alten Kirche. Er brachte diese „zur Sprache" mit ihren Vorzügen und Nachteilen. Er erinnerte an sie. Doch ging es ihm in der erinnernden Anschaulichkeit in Sprache, Ausdruck und Gestus nicht nur um Memoria, sondern auch um Wiederholung. Erinnern wendet sich eigentlich rückwärts, die Wiederholung jedoch holt das Erinnerte in Gegenwart und Zukunft herein; zur Bestätigung und Ermutigung, aber auch zur Kritik am vielfältigen und zwiespältigen Modus hodiernus bis hin zum Verweis auf das irgendwie immer gültige Nihil sub sole novum!

Den Kirchenvätern und Kirchenmüttern seine Stimme zu leihen, war, wie gesagt, P. Susos Anliegen in Lehre und Forschung. Das letzte Zeugnis dafür ist die mit einer Einleitung versehene Übersetzung der Vita Syncleticae, deren unvollendetes handschriftliches Manuskript sich in seinem Nachlass befand.

EINLEITUNG

Das Leben der hl. Synkletike[*][1] – Einleitung

Karl Suso Frank

Vom 4. Jh. an gehört die Biografie in die altkirchliche Literaturproduktion. Sie erzählt vom Leben hl. Frauen und Männer, illustriert das Ideal christlicher Heiligkeit an einer individuellen Lebensgeschichte. Die Biografie ist deshalb Hagiografie, in der die erzählte Lebensgeschichte exemplarisch und normativ dargestellt wird.[2] Schon die Erinnerung an ein solches Leben gilt als großer geistlicher Gewinn, und das Erzählte soll als Norm und Wegweisung angenommen werden.[3] Die Lebensgeschichte muss deshalb stilisiert werden und wird dem vorgegebenen Heiligkeitsideal unterstellt.

Zu den ersten Texten dieser Art gehören Lebensgeschichten hl. Frauen. Gregor von Nyssa führt diese Reihe mit dem Leben (Bios) seiner hl. Schwester Makrina auf (geschrieben im Jahr 380 oder 382/383).[4] Weitere Beispiele sind das Leben der hl. Olympias, von einem unbekannten Autor zwischen 408 und 419/420 verfasst[5], die „Frauenkapitel" in der Historia Lausiaca des Palladius (um 419/420)[6], und das Leben der hl. Melania der Jüngeren (gest. 439), als dessen Verfasser Gerontius in der Mitte des 5. Jh. gilt.[7] In der lateinischen Literatur steht Hieronymus mit seinen Brief-

---

[*] Bereits erschienen in: Theologische Zeitschrift, Universität Basel, 2006 (62. Jahrgang) S. 283–292, mit freundlicher Zustimmung der Schriftleitung.

[1] Die Namensschreibung ist unterschiedlich. Die Wiedergabe der griechischen Form ist Synkletike (verwendet im Übersetzungstext), die lateinische Schreibweise Syncletica (verwendet in der Einleitung).

[2] Zur altkirchlichen Heiligenverehrung und Hagiografie: Theofried Baumeister/Marc van Uytfanghe, Art. Heiligenverehrung und Hagiografie = RAC 14 (1988) 96–183; Walter Berschin, Biografie und Epochenstil im lateinischen Mittelalter, Bd. 1, Stuttgar

[3] Solche Erwartungen werden gewöhnlich im Vorwort einer Heiligenvita zum Ausdruck gebracht, z. B. Athanasius, Antoniusleben; Gregor von Nyssa, Makrinaleben; Palladius, Historia Lausiaca.

[4] Griechischer Text: Sources chrétiennes (= SC) 178, deutsche Übersetzung: Bibliothek der Kirchenväter (= BKV²), Bd. 56, 1927, 337–368.

[5] Griechischer Text: SC 13bis, 393–449.

[6] Griechischer Text: Vite dei Santi 2, deutsche Übersetzung: Palladius von Hellenopolis „Leben der hl. Väter", BKV², Bd. 5, 1912, 317–440.

[7] Griechischer Text: SC 90; lateinischer Text: Mariano Rampolla del Tindaro, Santa Melania: Giumiore senatrice Romana, Rom 1905; deutsche Übersetzung: Gerontius, Das Leben der hl. Melania, BKV², Bd. 5, 1912, 445–498.

nekrologien hl. Frauen am Anfang: Asella, Fabiola, Paula, Marcella u. a.[8] Die Heiligkeit dieser Frauen gründet in ihrer Jungfrauschaft, Witwenschaft oder ehelichen Enthaltsamkeit. Die Verwirklichung ist jeweils individuell ausgeprägt. Da es immer um exemplarische Individualität geht, wird sie ins allgemein Gültige und generell Normative für eine christlich motivierte Frauenaskese erhoben. Hieronymus ermahnt Marcella, sie solle seine kurze Biografie der Asella den jungen Mädchen vorlesen, damit sie sich nach ihrem Beispiel richten und in ihrer Lebensweise die Norm des vollkommenen Lebens erkennen.

Zu diesen bekannten Frauenleben gehört auch die Lebensgeschichte einer hl. Syncletica. Sie stimmt in ihren Anliegen mit denen der genannten Viten überein: Im Leben einer hl. Frau wird das Ideal christlicher Jungfrauschaft, eingebettet in eine asketische Lebensführung, exemplarisch und normativ vorgestellt. Doch der Autor ist dabei – oder sollte es eine Autorin gewesen sein – mindestens formal einen eigenen Weg gegangen.[9]

Zum Text

Das Syncletica-Leben wurde in griechischer Sprache verfasst. Wer es geschrieben hat, ist unbekannt. Wohl hat die frühe Überlieferung – belegt durch mehrere Handschriften – einen bekannten Autor benannt: Athanasius, der Bischof von Alexandrien (gest. 373). Die Beanspruchung dieses Autors ist nicht ganz unbegreiflich. Die Lebensgeschichte macht Alexandrien zur Heimat der Heiligen, und von alexandrinischem Kolorit ist auch der Inhalt bestimmt. Athanasius werden mehrere Traktate über die christliche Jungfräulichkeit zugeschrieben.[10] Vor allem aber steht sein Name

---

8   Lateinischer Text: Corpus Scriptorum ecclesiasticorum latinorum (= CSEL), Bd. 54–56; deutsche Übersetzung: Hieronymus, BKV², Bd. 1–3.
9   Unter den wenigen altkirchlichen Autorinnen gehören in den Bereich Hagiografie: Perpetua von Karthago (gest. 202) mit ihren eigenen Aufzeichnungen während der Kerkerhaft. Lateinischer Text: Herbert Musurillo, The Act of the Christian Martyrs, Oxford 1972; deutsche Übersetzung (u.a.): Oda Hagemeyer, Ich bin Christ, Düsseldorf 1961, 81–110. Sergia von Konstantinopel (6. Jh.), Übertragung der hl. Olympias: Hippolyte Delehaye – Analecta Bollandiana 16 (1977) 44–51. – Baudonivia von Poitiers, Ergänzung der Radegundis-Vita von Venantius Fortunatus (bald nach 600). Lateinischer Text: Monumenta Germaniae Historica, Merowingische Schriftsteller, Bd. 2, 377–395.
10 David Brakke, Athanasius and the politics of asceticism. Oxford 1995.

über dem Leben des Antonius von Ägypten, in dem der große Antonius (gest. 356) zum Prototyp des ägyptischen Eremitentums und zum normativen Exempel des Mönchslebens gemacht wird. Der byzantinische Schriftsteller Nikephoros Kallistos Xanthopulos (gest. vor 328) begründete die athanasianische Autorschaft des Syncletica-Lebens mit der Überlegung, Athanasius habe das Frauenleben geschrieben, um auch den Asketinnen das verbindliche Vorbild an die Hand zu geben.[11] Die Syncletica-Vita wäre also ein weibliches Pendant zur männlichen Antonius-Vita. Aber eine solche geschlechterspezifische Unterweisung stand nicht bestimmend über der altkirchlichen Askese. Von den Frauen wurde die gleiche asketische Anstrengung erwartet; ihnen wurde der gleiche Sieg über den Widersacher zugeschrieben, auch der gleiche Lohn in Aussicht gestellt wie den Männern. Diese Gleichheit von Mann und Frau galt schon im altkirchlichen Martyrium, wo Frauen die gleichen Kämpfe zugemutet wurden und das „schwache Geschlecht" durchaus seinen Mann zu stehen wusste.[12] Allerdings lässt sich nicht übersehen, dass die Gleichheit doch von männlichen Vorstellungen bestimmt ist: Die siegreiche Märtyrin wird zum Mann; die Asketin bekennt von sich: „Der Natur nach mag ich eine Frau sein; in meiner inneren Haltung bin ich es jedoch nicht" (da bin ich ein Mann); überheblichen Asketen kann sie auch entgegenhalten: „Ich, ja ich bin ein Mann und ihr seid Frauen"[13].

Die ideelle Gleichheit kann mit einer Beobachtung unterstrichen werden. Als Pachomius (gest. 346) seine Schwester zur Oberin des Frauenklosters in Tabennese bestellt hatte, gab er der Gemeinschaft die Regel, die er für sein eigenes Kloster geschrieben hatte, oder die er gerade im Begriff war zu schreiben.[14] Männer und Frauen lebten nach der gleichen Regel. Basilius fügte immerhin in sein großes Regelwerk ein paar eigene Kapitel

---

11 Hans-Georg Beck, Kirche und theologische Literatur im byzantinischen Reich. München [2] 1977.
Text des Xanthopulos: PG 147, 156.
12 Z. B. Martyrium der Perpetua 10; Märtyrer von Lyon 12: Blandina (beide Texte: Anm. 10).
13 Apophthegmata Patrum, Sarrha 4 und Supplement 991.
14 Bohairisches Pachomiusleben 27 (= 1. griechisches Pachomiusleben 32). Englische Übersetzung: Armand Veilleux, Pachomian Koinonia, Bd. 1, Kalamazoo 1980. – Zur Pachomiusregel: Heinrich Bacht, Das Vermächtnis des Ursprungs, Bd. 2, Würzburg 1983.

über die Schwestern ein, für die jedoch die ganze Regel wie für die Brüder galt.[15] Die Augustinusregel (Praeceptum) existiert bei völliger Inhaltsgleichheit in einer männlichen und weiblichen Fassung.[16] Erst im 6. Jh. wurde schließlich von Caesar von Arles (gest. 542) für das von ihm gegründete Frauenkloster eine eigene Regel geschrieben. Er hat sie entsprechend „den Statuten der alten Väter" geschrieben, aber doch den Unterschied zwischen einem Frauen- und einem Mönchskloster beachtet und wollte in seiner Regel „die Bedürfnisse des weiblichen Geschlechtes besonders berücksichtigen".[17]

Solch besorgte Rücksichtnahme mag Xanthopulos empfunden haben, für Athanasius kann sie nicht bemüht werden. Wenn er seiner Antonius-Vita auch einen männlichen Adressatenkreis zuteilte, so war das bestimmt nicht exklusiv gemeint. Sein Antonius sollte Vorbild sein für das ganze Mönchsleben, und das wurde von Frauen und Männern geteilt.

Unabhängig von diesen Überlegungen passt das Syncletica-Leben stilistisch und auch inhaltlich nicht zu Athanasius, so dass er als Verfasser ausscheiden muss. Damit ist keineswegs gesagt, dass es zwischen dem athanasianischen Antoniusleben und dem Leben der Syncletica keine Berührungspunkte gäbe. Die Vita aber bleibt ein anonymes Werk. Das athanasianische Pseudonym hat der Lebensgeschichte zweifellos einiges Ansehen und größere Beachtung eingebracht.

Die Anonymität wird auch nicht aufgehoben durch die Tatsache, dass in einigen Handschriften ein Asket Polykarp oder ein seliger Arsenius von Pegados als Verfasser genannt werden. Denn beide Namen können nicht identifiziert werden.

Für Zeit und Ort der Entstehung der Vita gibt es keine äußeren Zeugnisse. Der Text selbst legt alexandrinische Herkunft nahe, zumal die Heldin dort angesiedelt wird. Mindestens will er den Eindruck von Vertrautheit mit der Heimat Syncleticas und dort gelebter Askese vermitteln. Die Abfassungszeit ist einmal mit den benutzten Quellen gegeben. Das führt

---

15   Basiliusregeln: Griechischer Text: PG 31; deutsche Übersetzung: K. Suso Frank, St. Ottilien 1981.
16   Lateinische Ausgabe (mit englischer Übersetzung): George Lawless, Augustine of Hippo and his monastic rule. Oxford 1987. Eine deutsche Übersetzung: Tarsicius, J. van Bavel/Ludger Horstkötter, Würzburg 1990.
17   Lateinischer Text: SC 345. Die Zitate aus dem Vorwort und das 2. Kapitel der Regel.
     – Weitere Frauenregeln: Règles monastiques au féminin, Bellefontaine 1996.

in das frühe 5. Jh. Zum anderen wird sie begrenzt durch die Benutzung der Syncletica-Vita in einer Apophthegmatasammlung, was in das 6. Jh. führt. Die Mitte oder die zweite Hälfte des 5. Jh. kann als Abfassungszeit angenommen werden. Eine genauere Datierung ist nicht möglich.

Die Lebensgeschichte der Syncletica wurde nicht vergessen. Sie fand Beachtung, wurde weitergegeben und in nachfolgenden literarischen Werken benutzt.[18] Das geschah vor allem in den Apophthegmata-Sammlungen, die reichlich „Worte der Amma Syncletica" aufnahmen und zu einer eigenen apophthegmatischen Syncletica-Tradition führten. In hagiografischen Sammeltexten des mittelalterlichen Byzanz wurden größere Teile der Syncletica-Vita aufgenommen: Paulos Euergetinos (gest. 1054) in seiner Synagoge („Worte und Unterweisungen hl. Väter")[19] und Abt Esaias, der bald nach 1204 eine ähnliche Kompilation veröffentlichte, sie aber „Mütterbuch" (meterikon) nannte.[20] Mit der Verbreitung des Buchdrucks wurde die Vita auch gedruckt. Jean Baptiste Cotelier besorgte 1677 eine Druckausgabe[21]; J. P. Migne nahm in seine Patrologia Graeca ebenfalls den Text der Vita auf.[22] Eine lateinische Übersetzung besorgte der Schotte David Colville, die 1643 im ersten Band der Acta Sanctorum veröffentlicht wurde.[23] Mit diesen Publikationen war das Syncletica-Leben auch der westlichen Christenheit bekannt geworden. Dass sie sich davon ansprechen ließ, zeigen zwei frühe volkssprachliche Übersetzungen. Bekannt ist eine deutsche: „Das Leben der heiligen Syncleticae", aus dem Griechischen übersetzt, und eine italienische: „Vita di Sincletica ...", übersetzt von einem Priester aus Lucca (Lucca 1720).

Mit der Aufmerksamkeit auf den Text der Lebensgeschichte blieb auch das Interesse an der Person lebendig. Die hl. Syncletica hat ihren festen Platz in den griechischen Heiligenkalendern, die ihren Gedenktag auf den

---

18 Zur handschriftlichen Überlieferung: Anabelle S. F. Parker, The Vita Syncleticae: Ist manuscripts, Asceticae teachings and its use in monastic sources = Studia Patristica. Textausgabe: Athen 1957–1966.
19 Hans-Georg Beck, Kirche und theologische Literatur im byzantinischen Reich, ..., 582; Anabelle S. F. Parker, 234.
20 Hans-Georg Beck, 645.
21 Ecclesiae graecae monumenta, Bd. 1. Paris 1677, 201–277.
22 PG 28, 1487–1588. Es ist die meist benützte Ausgabe, die auch meiner Übersetzung zugrunde liegt. Eine kritische Ausgabe ist von Anabelle S. F. Parker angekündigt.
23 Zum 5. Januar; S. 242–257.

4./5. Januar festlegten. Texte für die Liturgie des Tages wurden aus den genannten Quellentexten zusammengestellt.[24] Die frühen lateinischen Martyrologien kennen die hl. Syncletica nicht. Erst das vom späteren Kardinal Caesar Baronius (gest. 1607) bearbeitete Martyrologium Romanum, das 1584 durch Papst Gregor XIII. für die römisch-katholische Kirche zum offiziellen Martyrologium wurde, gab auch der hl. Syncletica am 5. Januar einen Platz mit dem kurzen Eintrag: „Zu Alexandrien die hl. Jungfrau Synkletica. Ihrer vortrefflichen Wirksamkeit hat der hl. Athanasius in seinen Schriften ein Denkmal gesetzt".[25] Nach einer kurzen Bemerkung der Acta Sanctorum hatte C. Baronius eine Handschrift der Vita Syncleticae unter dem Namen des Athanasius entdeckt.[26] Die persönliche Entdeckung und die vermeintliche athanasianische Autorschaft haben C. Baronius veranlasst, die Heilige in den römischen Kalender aufzunehmen. Dass er damit einen Syncletica-Kult in der römischen Kirche angestiftet hätte, lässt sich nicht sagen. Immerhin wurden kürzere Lebensbilder, die auf die Vita und die apophthegmatische Tradition zurückgehen in verbreiteten Heiligenlegenden und -lexikas aufgenommen. Im deutschen Sprachraum sind da zu nennen: Lebensbeschreibung der hl. Altväter und derjenigen Frauenpersonen, welche sich in den ersten und nachfolgenden Jahrhunderten der Einsamkeit beflissen haben, 2 Bde., Krems 21761 (aus dem Französischen übersetzt). – J. G. Stadler, Vollständiges Heiligen-Lexikon, 4 Bde., Augsburg 1858–1882. – F. v. S. Doyé, Heilige und Selige der römisch-katholischen Kirche, 2 Bde., Leipzig 1929. Die hagiografische Produktion der Barockzeit erbrachte auch einen bescheidenen Beitrag der Syncletica-Ikonographie. Die Lebensbeschreibungen wurden mit Kupferstichen illustriert, in denen Syncletica in der typisierten Gestalt der Einsiedlerin festgehalten ist.[27]

Andere summarische Wiedergaben der Syncletica-Vita finden sich in dem großen französischen Werk von Baudor-Chaussin, Vies des Saints et de Bienheureux selon l'ordre du calendier avec l'histoire des fêtes, 13 Bde., Paris 1935–1959 und in dem angesehenen italienischen Heiligenlexikon Bibliotheca Sanctorum, 13 Bde., Rom 1961–1987.

---

24 Griechische Synaxarien = ASS Nov.
25 Martyrologium Romanum = ASS Dez.
26 ASS Januar I, 242.
27 Lexikon der christlichen Ikonographie, Bd. 8, 417.

Die Neuordnung des römischen Heiligenkalenders, veranlasst durch das II. Vatikanische Konzil, führte zu einer gründlichen Reduktion der Heiligenfeste und -gedenktage. Im offiziellen römischen Generalkalender fehlt seither der Name der hl. Syncletica. Mir ist nicht bekannt, ob in einem der anerkannten Regionalkalender ihr Name stehen geblieben ist.

Doch von anderer Seite her ist ein neues Interesse an der Lebensgeschichte der Syncletica erwacht. Das ist einmal die aufgebrochene Begeisterung für das eremitische Leben, die allenthalben die alte asketische Lebensform zu neuem Leben erweckt. Eremiten und Eremitinnen kann man heute wieder begegnen; sie werden respektiert, haben kirchliche Anerkennung und eine rechtliche Ordnung ihrer Lebensform gefunden.[28] Sie lässt genügend Raum für freie und individuelle Lebensgestaltung. Aber man orientiert sich doch an den Ursprüngen des Eremitentums und seinen geschichtlichen Ausgestaltungen. Die „alten Wüstenväter", ihr Leben und Werk gelten im neuen Eremitentum wieder etwas und werden als Legitimationsfiguren ausgegraben – auch wenn man dann nicht so ganz genau auf sie schaut und hört.

Im gegenwärtigen Eremitentum ist der Anteil der Frauen besonders groß. Im Jahr 1993 lebten in Frankreich 118 anerkannte Eremiten, davon waren 79 Frauen.[29] Eine Statistik von 1995 weist für den deutschsprachigen Raum 26 Frauen und 16 Männer im Eremitenleben aus.[30] Damit ist auch ein lebhaftes Interesse an den „Wüstenmüttern" der Alten Kirche verbunden. Außerdem sind Asketinnen und weibliches Religiosentum schon seit längerer Zeit Gegenstand aufmerksamer und lebhafter Frauenforschung.

Die Suche nach neuen Formen gelebter Einsamkeit von Frauen oder allgemeiner nach authentischer Frauenaskese und die engagierte Frauenforschung haben auch Syncletica neu entdecken lassen. In einschlägigen wissenschaftlichen Publikationen findet man ihren Namen.[31] Im Jahr 1982

---

28 Ansätze dazu in den Konzilskonstitutionen Perfectae caritatis 1b und Lumen Gentium 43 a. Rechtliche Regelung: CIC 603, 1–2.
29 Maria Anna Leenen, Einsam und allein? Eremiten in Deutschland. Leipzig 2001, 135.
30 Ernst Schneck, Eremiten/-innen im deutschsprachigen Raum, in: Geist und Leben 68 (1995) 216–233.
31 Ruth Albrecht, Das Leben der hl. Makrina auf dem Hintergrund der Thekla-Traditionen. Göttingen 1986. – Susanna Elm, 'Virgins of God'. The making of Asceticism in late antiquity, Oxford 1994.

wurde ihre Lebensgeschichte ins Italienische übersetzt;[32] 1989 folgte eine französische Übersetzung[33], 1990 und 1995 wurden zwei englische Übersetzungen veröffentlicht.[34]

Zum Inhalt der Vita

Wer immer das Leben der hl. Syncletica geschrieben hat, ordnet sich wohl in den Kreis derer ein, die Leben hl. Frauen beschrieben haben, wählte dafür aber doch seine eigene Form. „Leben und Lebensführung/-wandel (Bios/politeia) der heiligen und gesegneten Lehrerin Synkletike." Die Doppelung in der Überschrift – sie findet sich häufig in hagiografischen Werken – darf nicht missverstanden werden, als ob da zuerst über das Leben und dann die Lebensführung gehandelt wurde. Die Heiligkeit zeigt sich gerade im Lebenswandel, in der Lebensführung. Und politeia meint in den Hagiografien des asketischen Lebens seine geistigen Grundlagen und seine Praxis. In einigen verwandten Biografien zeigen sich Ansätze für eine Zweiteilung. Im Leben der hl. Makrina werden an die Lebensgeschichte ein paar von Makrina bewirkte Wunder angefügt. Im Leben der hl. Olympias geschieht es deutlicher: Zuerst die Biografie, dann folgt ein langes Lob ihrer Tugenden und Guttaten.[35]

Im Syncletica-Leben wird nichts von spektakulären Wundern berichtet, auch ein angehängtes Tugendlob fehlt dort. Die Zweiteilung hat hier einen anderen Grund. Syncletica ist schon in der Überschrift als Lehrerin (didaskalos) eingeführt. In dieser Funktion wird sie ausführlich vorgestellt. Von den 113 Kapiteln der Vita sind nur 30 Kapitel als biografisch anzusprechen; genau handelt es sich um die ersten 21 und die letzten neun Kapitel. Im Mittelstück – Kapitel 22–103 – tritt die Lehrerin mit langen Reden auf. Von diesen Lehrvorträgen heißt es, dass sie von ihrem Leben gedeckt wa-

---

32   Maurio Todde, Una donna nel deserto, Milano 1989 (hinter dieser Übersetzung steht eine kleine italienische eremitische Gemeinschaft).
33   Odile Bénédicte Bernard, Vie de sainte Synclétique, Bellefontaine 1982.
34   Elizabeth Castelli, Pseudo-Athanasius: The life and activity of the holy and blessed teacher Syncletica = Vincent L. Wimbush (ed.), Ascetic behavior in Greco-Roman Antiquity, a Sourcebook. Minneapolis 1990. – Elisabeth Bryson Bongie, The life of blessed Syncletica, Toronto 1995 – 2. Aufl.
35   Die Lebensgeschichte zeigt die doppelte Überschrift: Bios und politeia. Das Leben wird in 10 Kapiteln nachgezeichnet; die letzten 8 Kapitel gehören zum 2. Teil.

ren und ihre Lehre mehr durch die Praxis als durch Worte geschah. In den Unterweisungen geht es deshalb um ihre eigene Lebensführung, um die politeia. Ihre eigene Lebensführung und die Umsetzung in das Wort sollte von ihrer Zuhörerschaft aufgenommen und zur Weisung für das eigene Leben werden. Die Überschrift der Syncletica-Vita ist deshalb zu verstehen als „Leben und Lebensnorm der hl. Syncletica".

Die Zweiteilung – Biografie und normative Rede – führt zu einer genaueren Bestimmung der literarischen Form des Textes. Sein eigentliches Anliegen sind die Reden der Syncletica. Die biografische Auskunft ist auf den Anfang der Vita als Hinführung zur Rede beschränkt und wird kurz am Ende der Vita noch einmal aufgenommen. Bei der Lebensgeschichte der Syncletica handelt es sich deshalb um einen asketischen Lehrvortrag im biografischen Rahmen.

Die „Biografie"

Der Biograf will sich umgehört haben nach ihrem früheren Leben, will aus ihren Taten einige Rückschlüsse gewonnen haben, sieht sich aber recht hilflos vor der selbstgewählten Aufgabe, denn angemessen von ihr zu reden, gehe über seine Kräfte (Vita 3). Das sind freundliche, höfliche Auskünfte, die an den Anfang eines Heiligenlebens gehören. In diesem Fall scheint es nicht nur um die pflichtgemäße Selbstbescheidung zu gehen, der Autor lässt schnell erkennen, dass er wenig von ihrem Leben weiß, ja an genauer historischer Auskunft nicht sonderlich interessiert ist.

Syncletica stammte aus vornehmer Familie in Alexandrien. Die Vorfahren waren aus Makedonien – „in die Stadt des Makedoniers" (Alexander des Großen) – eingewandert und von der Christlichkeit der Alexandriner tief beeindruckt. Syncletica hatte drei Geschwister: zwei Brüder, von denen der eine im Kindesalter verstarb, der andere im Alter von 25 Jahren, just in dem Augenblick, als alles schon für seine Hochzeit vorbereitet war (Vita 5). Von der Schwester heißt es, dass sie die gleiche Gesinnung wie Syncletica besaß, und später wird von ihr mitgeteilt, dass sie blind war.

Die junge Syncletica – von außerordentlicher Schönheit und viel umworben (Vita 7) – wehrte sich erfolgreich gegen alle Heiratspläne der Eltern. Sie konnte im Elternhaus zurückgezogen und asketisch leben. Nach dem Tod ihrer Eltern verkaufte sie den ererbten Besitz und verteilte ihn unter den Armen. Danach verließ sie das Elternhaus und zog sich in das aufgelassene Grab eines Verwandten außerhalb der Stadt zurück, wohin sie ihre Schwester mitnahm (Vita 11–12).

Syncletica hat jetzt den Platz für ihr Leben gefunden. Zwar wird die Grabanlage nicht mehr erwähnt, aber von einer Ortsveränderung verlautet auch nichts. Bald wächst ihr auch die Lebensaufgabe zu: Frauen kommen zu ihr, um von ihr im asketisch-geistlichen Leben unterwiesen und geführt zu werden. Nach einigem Zögern nimmt sie diese Aufgabe als ihre eigene Berufung an: Sie wird zur Lehrerin (Vita 21).

Damit ist der erste Lebensabschnitt beendet. Der Biograf widmet sich jetzt ganz ihrer Unterweisung (Vita 22–103). Danach erst nimmt er den Faden der Anfangserzählung wieder auf. Syncletica ist inzwischen achtzig Jahre alt geworden, von Leiden und körperlichem Zerfall betroffen. Die zerstörerische Krankheit, die detailliert beschrieben wird, zieht sich dreieinhalb Jahre hin und wird von Syncletica heroisch ertragen. Ärztliche Hilfe lässt sie nur widerwillig zu, ist aber immer noch in der Lage, die anwesenden und Hilfe suchenden Frauen durch ihr Wort zu belehren und zu erbauen. Unmittelbar vor ihrem Ende darf sie eine tröstende Vision schauen und drei Tage vor ihrem Tod sagt sie ihre genaue Sterbestunde voraus.

Die Lebensgeschichte der Syncletica zeigt wenig Interesse an genauer historischer Auskunft. Das teilt sie mit anderen hagiografischen Texten. Zwar wird Alexandrien als Heimat genannt. Im Lob auf die große Stadt verrät der Biograf seine eigene Bindung an die Stadt und kann damit seine Glaubwürdigkeit untermauern. Auf eine zeitliche Einordnung verzichtet er ganz. Die Auskunft über die Familie bleibt dürftig. Die vornehmen Eltern bleiben namenlos; namenlos sind auch die Geschwister. Aber schon bei einem Bruder und der Schwester wird das Leitmotiv des Lebensbildes eingebracht.

Syncletica trägt einen ungewöhnlichen Namen, der erklärt werden muss: sie sei nach der „himmlischen Versammlung" (synkletos) benannt worden. Das weist auf ihre Berufung zur Seligkeit hin, kann aber auch auf ihre Lehrtätigkeit in einer Versammlung von Frauen, die von ihr zur Seligkeit geführt werden wollen, bezogen werden. Dieser Aussagewille kann zur Erfindung des Namens geführt haben. War es der vorgefundene Name, dann legte sich im Blick auf die Tendenz der Vita diese Deutung nahe.

Der sprechende Name findet sich im asketisch-monastischen Schrifttum noch zweimal: Eine kurze anonyme Vita erzählt von einer Syncletica, Tochter eines Eparchen in Konstantinopel, die sich dem väterlichen Heiratsplan erfolgreich widersetzt hatte und als Eremitin in einer Höhle am Jordanufer ihr Leben beschließt.[36] Johannes Moschus (gest. 619) erzählt in seiner „geistlichen Wiese" ebenfalls von einer Syncletica, die sich in Caesarea/Palästina als Asketin niedergelassen hat.[37] In beiden Fällen scheint Syncletica jedoch nicht der eigentliche Name, sondern Herkunftsbezeichnung zu sein: Frauen von senatorischem Rang.

Mit der Berufung von Anfang an gibt es bei Syncletica keine spektakuläre Bekehrung. Sie bleibt bei ihrer frei gewählten Ehelosigkeit, hält ihre Eheverweigerung konsequent durch. Die Erinnerung an die hl. Makrina liegt nahe: Sie konnte sich zunächst gegen den elterlichen Heiratsplan nicht wehren. Als der Bräutigam jedoch noch vor der Hochzeit starb, blieb auch sie in der Verweigerung einer Ehe standhaft.

Wie Makrina danach zurückgezogen und asketisch im elterlichen Haus lebte, so auch Syncletica. Für beide gilt die hl. Thekla – als Paulusschülerin, Missionarin und Märtyrin bekannt und viel verehrt, jetzt vorab „unter den Jungfrauen gefeiert" – als Vorbild und Lehrmeisterin.[38] Von Makrina heißt es, ihr heimlicher Name sei Thekla gewesen. Der Bezug zu Thekla liegt bei beiden jungen Frauen in ihrem Verzicht auf die Verheiratung, denn auch von Thekla hieß es, dass sie unter dem Eindruck der Pauluspredigt die Ehe verweigert habe. Der Syncletica-Biograf unterstreicht die gleiche Christusbrautschaft bei Thekla und seiner Heldin. Er achtet auch auf die Parallele im Martyrium und stellt das unblutige Martyrium der Syncletica „über die Kämpfe mit Feuer und wilden Tieren" der Thekla (Vita 8). Die Betonung der vorbildlichen Thekla fügt sich in einen lebhaften Theklakult ein, der auch für Alexandrien und Ägypten festgestellt werden kann.[39] Und im Fall der Lehrerin Syncletica, „der wahren Schülerin der

---

36 Bernard Flusin-Joseph Paramelle, De Synclectia in deserto Jordanis = AB 100 (1982) 271–317 mit Edition des griechischen Textes. Wohl 6. Jh.
37 Johannes Moschus, Pratum spirituale Nr. 206.
38 Die älteste Nachricht über die hl. Thekla findet sich in den apokryphen Paulusakten aus dem 2. Jh. – Anne Jensen, Thekla – die Apostolin: Ein apokrypher Text neu entdeckt. Freiburg 1995.
39 Stephen J. Davis, The Cult of Saint Thecla: A Tradition of Women's Piety in Late Antiquity, Oxford 2000.

seligen Thekla", mag besonders die „Apostolin Thekla" nachgewirkt haben.

Mit dem Tod der Eltern setzt eine neue Phase in Syncleticas Lebensgeschichte ein. Schon im Elternhaus hatte sie sich für Askese und Jungfräulichkeit entschieden, war aber unter der häuslichen Gewalt des Vaters geblieben. In dieser Zeit ist sie dem sog. Familienasketismus zuzuordnen, der seit dem 3. Jh. als eigene Lebensform anerkannt war und sich lange Zeit in der Alten Kirche behauptet hat. Frei geworden und als Alleinerbin bestimmt, gibt sie allen Besitz auf und zieht sich mit ihrer blinden Schwester in ein Grabfeld außerhalb der Stadt zurück, wo das (aufgelassene) Grab eines Verwandten zu ihrer Wohnung wird. Mit diesem Schritt – Trennung vom bisherigen Lebensraum und der sozialen Einbindung – vollzieht sich der Übergang zum eigentlichen Mönchtum.

Diese Angaben der Vita fügen sich in das bekannte Bild der Mönchsgeschichte ein. Von Antonius berichtet Athanasius, dass er nach dem Tod der Eltern – er ist etwa achtzehn bis zwanzig Jahre alt – seinen erworbenen Besitz aufgegeben hat. Für seine jüngere Schwester sorgt er durch eine finanzielle Absicherung und indem er sie einigen Jungfrauen anvertraut, die sie auf ein jungfräuliches Leben hin erziehen sollten. Dann übt sich Antonius im Vorfeld des heimatlichen Dorfes auf das zurückgezogene, eremitische Leben ein.[40] Nach Prüfung und Bewährung wählt auch er ein aufgelassenes Grab als Wohnstätte.[41] Der Grabaufenthalt ist bei ihm zeitlich beschränkt; er ist Zwischenstation auf dem Weg in die tiefere Wüste. Vom Aufenthalt in einem leeren Grab berichten die Mönchsgeschichten öfter. Palladius will von einer Jungfrau Alexandra gehört haben, die sich in ein Grab eingeschlossen und dort zehn Jahre lang gelebt habe. Wie Syncletica könnte sie nach Alexandrien gehört haben, denn der Gewährsmann des Palladius lebte dort.[42]

Syncletica blieb mit ihrer Zurückgezogenheit im Weichbild der Stadt. Auch nach anderen Berichten bevorzugten Frauen für ihr asketisches Leben die Nähe zu menschlichen Siedlungen, wenn sie nicht allein für sich im Dorf oder der Stadt verblieben. So weiß Palladius von einer geizigen Jungfrau in Alexandrien, die durch einen Trick des Mönchs Makarius be-

---

40 Antoniusleben 2–3.
41 Antoniusleben 8.
42 Historia Lausiaca 5,1; Didymus von Alexandrien wird als Quelle genannt.

kehrt wurde.⁴³ Er berichtet von der alexandrinischen Jungfrau, bei der sich Athanasius während der Verfolgung durch Kaiser Konstantius (356–362) versteckt haben soll.⁴⁴ Eine namenlose Jungfrau und die Jungfrau Piamun lebten mit ihren (wohl verwitweten) Müttern zusammen.⁴⁵ Er weiß auch von einer Kleingruppe von drei Jungfrauen, die miteinander lebten.⁴⁶ In diesen Befund fügen sich jene Jungfrauen ein, denen Antonius seine jüngere Schwester anvertraut hat. In der anonymen „Geschichte der Mönche in Ägypten" wird beiläufig von zwei Jungfrauen erzählt, die für sich in der Einsamkeit lebten. Einmal wollte ein Räuber die Eremitage einer Jungfrau ausrauben⁴⁷, das andere Mal habe ein Räuber eine Gottgeweihte aus gewalttätigen Räuberhänden befreit.⁴⁸

Eremitinnen können auch in den Apophthegmata entdeckt werden. Die alphabetische Sammlung lässt drei Frauen als Sprecherinnen auftreten. Die eine, Theodora, kann vielleicht in der Nähe von Alexandrien angesiedelt werden, da sie als Gesprächspartnerin des Bischofs Theophil (385–412) vorgestellt wird; die Amma Sarrha soll am Nilufer gelebt haben, also in bewohnter Gegend, und die dritte Sprecherin ist unsere Syncletica.⁴⁹ Allein für sich in der Wüsteneinsamkeit zu leben, war offensichtlich nicht die dominante Lebensform für Asketinnen. Das kann noch einmal mit Palladius, der aufmerksam und mit spürbarer Anteilnahme weibliche Asketinnen in Ägypten beschrieben hat, belegt werden. Neben den eben schon erwähnten Frauen weiß er doch mehr von ägyptischen Frauenklöstern zu berichten. In der Stadt Antinoë (am Nil) will er zwölf Frauenklöster gefunden haben, darunter das der Amma Talis mit sechzig jungen Frauen.⁵⁰ In der Stadt Atribe (vielleicht gegenüber von Panopolis am Nil oder im Nildelta) habe der Asket Elias aus eigenen Mitteln ein Kloster für ungefähr 300 Jungfrauen gegründet und unterhalten.⁵¹ Die Schwester des

---

43   Historia Lausiaca 6.
44   Historia Lausiaca 63.
45   Historia Lausiaca 60; 31.
46   Historia Lausiaca 64.
47   Historia monachorum in Aegypto 10,4.
48   Historia monachorum in Aegypto 14,4.
49   Alphabetische Sammlung (bei durchlaufender Zählung), Nr. 309–315; 884–891; 892–909.
50   Historia Lausiaca 59,1.
51   Historia Lausiaca 29.

alexandrinischen Priesters Isidor leitete ein Kloster mit siebzig Jungfrauen.[52] Für das pachomianische Frauenkloster in Tabennese nennt Palladius etwa 400 Schwestern.[53] Die Zahlenangaben des Palladius gelten als höchst unsicher, aber auch in ihrer Unsicherheit weisen sie doch für Frauenklöster erheblich geringere Zahlen auf als für die ägyptischen Männerklöster. Eine Ausnahme findet sich in der „Geschichte der Mönche in Ägypten". Dort meldet der Verfasser für die Stadt Oxyrinchus, die er zu einer ganz christlichen Stadt, ja zu einer Klosterstadt macht, 10.000 Asketen und 20.000 Asketinnen.[54] Hier ist das Zahlenverhältnis umgekehrt und bleibt es, auch wenn man die übliche Übertreibung in Rechnung stellt. Aber wiederum handelt es sich um Jungfrauen, die in der Stadt leben.

Die Mehrzahl der Asketinnen, die nicht in Klöstern lebten, ist innerhalb von Dörfern und Städten zu suchen, wo sie für sich allein oder in Kleingruppen und mit unterschiedlichen Beziehungen zueinander lebten. Sie mögen auch die Siedlungsgrenze überschritten und sich dort angesiedelt haben; Einsamkeit/Wüste hatte man hier nach Palladius schon in der Entfernung von knapp einem halben Kilometer.[55] So lässt sich auch Syncleticas Auszug aus Elternhaus und Stadt einordnen. Friedhöfe lagen ganz allgemein außerhalb der Städte, waren aber doch mühelos zu erreichen.[56] Die Vita lässt Syncletica schnell mit anderen Frauen in Kontakt kommen, die vielleicht in nächster Nachbarschaft wohnten oder sie aus der Stadt heraus aufsuchten. Der Biograf gibt darüber keine Auskunft; er sagt auch nicht, ob sie weiter in ihrem Grab wohnte oder einen angenehmeren Aufenthaltsort wählte. Keine Auskunft gibt es auch über ihren Lebensunterhalt. Ihm kommt es in den ersten biografischen Kapiteln allein darauf an, Syncletica auf ihre Lehrtätigkeit vorzubereiten, ihre Lehrbefähigung auszuweisen. Dafür verweist er nicht auf eine schulische Ausbildung und intellektuelle Formung. Gregor von Nyssa hat in den Kindheitsgeschichten seiner Schwester Makrina den Elementarunterricht und weitere geistige Bildung an Hand der Hl. Schrift betont und die erworbene Geschicklich-

---

52 Historia Lausiaca 1.
53 Historia Lausiaca 33.
54 Historia monachorum in Aegypto 5.
55 Historia Lausiaca 1,5.
56 Friedhofsanlagen am Rande von Alexandrien.

keit in der Wollarbeit zu erwähnen nicht vergessen.[57] In Bezug auf Syncletica wird nichts dergleichen erwähnt. Für ihre Kindheit scheint allein zu gelten, was Athanasius von Antonius sagte, er habe vom Schulunterricht ganz und gar nichts wissen wollen.[58] Die Lernverweigerung wird bei ihm durch unmittelbare göttliche Belehrung und Erleuchtung wettgemacht. Zu gleicher Auskunft wollte der Biograf der Syncletica führen. Ihre Eigenleistung im Blick auf ihre geistliche Führungsaufgabe lag in ihrem asketischen Bemühen: „Es ist gefahrvoll, wenn einer lehren will, der nicht durch das praktische Leben hindurchgegangen ist" (Vita 79). „Praktisches Leben" meint nichts anderes als die umfassende mühevolle Anstrengung körperlicher und geistiger Askese. Damit war Syncletica in ihrer langen Vorbereitung im Elternhaus und im zurückgezogenen Alleinleben an das ihr mögliche Ziel gekommen. Sie durfte mit Recht als „geistliche Mutter" wirken. Nach Evagrius Ponticus sind geistliche Väter jene, „die die Gabe des Geistes besitzen und viel für die Tugend und die Erkenntnis Gottes zeugen".[59] Das darf auch von der geistlichen Mutter gesagt werden.

Eine andere Absicht darf unter den biografischen Auskünften der Syncletica-Vita nicht gesucht werden. Sie können auch als Illustration des bekannten Cassianwortes gelesen werden: „Das Ganze des asketisch-monastischen Lebens besteht in der Erfahrung und im Vollzug."[60] Die Wiederaufnahme der Biografie in den letzten zehn Kapiteln der Vita kehrt zu dieser Grundintention zurück. Die achtzigjährige Lehrerin wurde von schwerer Krankheit heimgesucht. Das Leiden wird ausführlich beschrieben, ohne dass eine genaue medizinische Diagnose geliefert wird. Vielleicht wollte der Biograf auf eine unheilbare Krebserkrankung verweisen, welche die Lungen und die Knochen zerstörte. Doch die Krankheit, die sich dreieinhalb Jahre hinzieht, wird zur Vollendungsgeschichte des Syncleticalebens. Sie übertrifft in ihrer Geduld die Geduld Ijobs. In ihrem schlimmen Leiden übertrifft sie die Leiden der Märtyrer. Und sie bleibt ihrer Lehrberufung treu, indem sie die Leidenserfahrung in ermunternde und aufbauende Worte für die Schwestern umsetzt bis ihre Sprechorgane

---

57 Vita Macrinae 3–4. Hieronymus, Brief 107: Erziehungsbrief an Laeta für ihre Tochter Paula mit genauen Anweisungen für Elementar- und weiterführenden Unterricht.
58 Vita Antonii 1.1.
59 Evagrius Ponticus, Brief 52,7.
60 Einrichtungen der Klöster. Vorwort.

versagen. Dann vermag sie nur noch durch stilles Leiden und Dulden zu wirken. Wenn sie ärztliche Hilfe zunächst ablehnt und dies nur auf Drängen ihrer Gefährtinnen zulässt, dann lässt der Biograf sie in einer allgemeinen Diskussion Stellung beziehen. Streng asketische Kreise lehnten die ärztliche Kunst entschieden ab.[61] Dem kirchlichen Konsens entspricht die Anerkennung der Heilkunst und ihre sachgemäße Anwendung. Sie ist gottgeschenkte Gabe, und die heilenden Kräfte sind in die geschaffene Natur hineingegeben. Aber allein auf die Medizin zu vertrauen, geht auch nicht an.[62] In auferlegter Krankheit kann Gutes liegen; andererseits kann in der Ablehnung der Ärzte menschlicher Hochmut stecken. Bei den ganz für sich lebenden Anachoreten besteht diese Gefahr nicht; sie sollen dann gläubig zum Herrn ihre Zuflucht nehmen, der all unsere Krankheiten und Leiden heilt (Mt 4,23).[63] Der Syncletica-Biograf ist in seiner Stellungnahme nicht so rigoros. Er lässt die ärztliche Hilfe zu, setzt sich nicht mit vorgetragenen Argumenten auseinander, sondern steuert einen eigenen Beweis bei: Rücksicht auf die pflegenden Schwestern und Mitleid mit ihnen.

Wie im ersten Teil so ist die Biografie auch in ihrem letzten Teil als Illustration der großen Syncletica-Rede zu verstehen. Syncletica habe nicht nur durch ihr Wort, sondern auch durch ihr ganzes Leben als Lehrerin gewirkt. Exemplarisches Leben und normsetzende Worte sind damit bruchlos miteinander verbunden. Die Frage nach der Historizität der Syncletica muss von dieser Einheit her beantwortet werden.[64]

Die Lehrerin Syncletica

Das Kernstück der Vita bildet die mündliche Unterweisung der Amma Syncletica. Der Biograf lässt Syncletica in ihrer Zurückgezogenheit nach und nach bekannt werden – „nichts ist verborgen, was nicht offenbar wird" (Mt 10,26; Vita 21). In ihrer Bekanntheit zieht sie einige Frauen an. Woher sie kommen, wird nicht gesagt. Sie sind einfach da, kommen häufiger, wohl auch zahlreicher. Die ersten Frauen bitten sie um geistliche Belehrung. Die Angefragte wehrt sich; nur nach heftigem Drängen ist sie zum

---

61 Makarius-Symeon, Homilie 48,5 – 6.
62 Basilius, Längere Regeln 55.
63 Diadochus von Photice 54 – 54. – Vita Macrinae 31.
64 Die Zweifel an der Historizität sind schon in den Acta Sanctorum belegt.

Sprechen bereit. Die Eingangsfrage lautet: Wie kann man gerettet werden? Es ist die Frage nach dem persönlichen Heilsweg, bekannt aus der apophthegmatischen Tradition. Dort ist die Antwort gewöhnlich eine knappe Sentenz, eine kurze Weisung. Bei Syncletica wird daraus eine lange Rede. Auf eine dialogische Struktur ist ganz verzichtet. Das Auditorium ist auf die Rolle des aufmerksamen Zuhörens verwiesen. Von Einwänden, Rückfragen oder drängendem Weiterfragen wird die Redende kaum in ihrem monologisierenden Diskurs gestört. Die Distanz zu den Hörenden wird da und dort durch das verbindende „wir" abgeschwächt. Die Sprecherin schließt sich in den Kreis der Angeredeten ein: „Meine Kinder, wir alle, Männer und Frauen, wissen, wie wir gerettet werden, ..." (Vita 22) lautet die Anrede, die nicht mehr wiederholt wird. Zu Beginn des 30. Kapitels fügt der Autor eine Zwischenbemerkung ein und spricht vom göttlichen „Gastmahl" (Symposion), das Syncletica den versammelten Frauen bereitet habe. Danach provoziert eine Frage die Fortführung der Rede. Erst im Kapitel 60 wird wieder eine kurze Pause eingelegt, in der die große Freude der Frauen über die Worte Syncleticas festgehalten und ihre Ausdauer im weiteren Hören mitgeteilt wird. Syncletica fährt dann auch in ihrer Rede fort; erst mit Kapitel 102 findet sie zum Ende. Die beiden Einschnitte lassen formal an zwei große Reden denken. Aber der Inhalt bietet keinen Anhalt für eine Zweiteilung. Was ihn betrifft, so ist keine klare Disposition auszumachen. In den Ausführungen finden sich größere Texteinheiten neben kleineren, die im letzten Teil auch auf apophthegmatische Kürze reduziert sein können.

Die Syncletica-Rede wird als verschriftlichte Mündlichkeit ausgegeben. Aber das Angebotene sollte doch zutreffender als fiktive Mündlichkeit bestimmt werden. Dieses literarische Stilmittel ist in der monastischen Literatur durchaus gegenwärtig. Die Erinnerung an die Vita Antonii drängt sich auf. Dort legt Athanasius dem in langer Askese gereiften Antonius eine ausführliche Rede über das asketisch-monastische Leben in den Mund.[65] Johannes Cassian hat die fiktive Mündlichkeit mit besonderer Vorliebe zum eigenen Stilprinzip gemacht. Das gilt vor allem für seine Conlationes Patrum (Väterreden). In diesem Werk will Cassian Leben und Lehre des ägyptischen Mönchtums dem südgallischen Mönchtum vermitteln.

---

65 Vita Antonii 16–43.

Die Vermittlung geschieht mit Hilfe der fiktiven Mündlichkeit. Cassian lässt 15 ägyptische Mönchsväter auftreten, die in 24 wohlgesetzten Reden die asketisch-monastische Lehre vortragen. Er habe die Väter in seinem Schreiben gleichsam inkarniert, sagt Cassian.[66] Ihr lebendiges Wort (viva vox) soll unmittelbar vernommen werden, was nur im Konstrukt der fiktiven Mündlichkeit möglich ist. Der Syncletica-Biograf hätte es ebenso sagen können: In ihrer Rede hat er seine Heldin gleichsam inkarniert.

Was er Syncletica sagen lässt, ist seine eigene und eigenwillige Synthese der altkirchlichen Virginitätslehre. Die angesprochenen Frauen haben sich für die Ehelosigkeit in der Nachfolge Christi entschieden und wollen diese Entscheidung im asketischen Leben durchtragen. Auf umständliche Begründung und wortreiche Verteidigung der Lebensform kann der Text verzichten. Denn was als Lebensideal vorgestellt und als Weg zu seiner Verwirklichung ausgewiesen wird, ist schon lange in der Kirche akzeptiert und vielfach praktiziert. Seit dem frühen 3. Jh. wurde eine reiche Literatur zu diesem Thema produziert. Auch die großen Kirchenväter des 4. und 5. Jh. – die griechischen wie die lateinischen – schrieben über die christliche Jungfräulichkeit. In all diesen Schriften ging es um das Lob der Jungfräulichkeit, die zum Leitbild fraulicher Vollkommenheit hochstilisiert wurde, um seine Propaganda und Verteidigung; denn es gab auch das deutlich artikulierte Unbehagen und die offene Ablehnung gegenüber dieser Lebensform. Einige Not haben diese Schriften mit der angemessenen Würdigung der Ehe, die wohl anerkannt, auch als gottgewollt befunden wird, aber in der Rangordnung doch immer nach der Jungfräulichkeit steht.

Die Jungfräulichkeitsschriften insistieren nachdrücklich auf Wahrhaftigkeit und Ehrlichkeit in diesem bevorzugten Stand. Die körperliche Reinheit allein genügt nicht; sie muss verbunden sein mit einer geistigen Reinheit, die sich im Besitz aller Tugenden erweist. Ohne sie bleibt die Jungfrau von allen Leidenschaften beherrscht und wird zur Karikatur ihres frei gewählten Lebensstandes. Deshalb gehören zu diesen Schriften konkrete asketische Anweisungen – Fasten, Wachen, Anspruchslosigkeit, Zurückgezogenheit usw. – und häufig auch praktische Vorschriften für die Lebensführung.

---

66 Conlatio 1, Vorwort 6.

In diesen Kontext gehört die Syncleticarede. Sie teilt vieles mit diesem Schrifttum, gewinnt jedoch im vorgegebenen Rahmen auch eigenes Profil. Sie verzichtet auf praktische und konkrete Anweisungen. Die Angesprochenen könnten für sich in der Stadt – allein in der Einsamkeit – „in den Bergen" (Vita 97, 94–101) – oder im geordneten Kloster leben. Sie versagt sich auch der Polemik, vom vehementen Angriff auf den astrologischen Fatalismus abgesehen (Vita 81–88). Sie warnt nur summarisch vor häretischer Verführung. Arianer, Manichäer, Hierakas oder der fast allgegenwärtige Markion kommen bei ihr nicht vor. Andererseits wird auch die theologische Fundierung nicht weiter ausgebreitet. Deren zentrale Elemente sind vorhanden. Christusbrautschaft – Gottes- und Nächstenliebe – Vorwegnahme der jenseitigen Herrlichkeit.

Schon am Anfang ihrer Rede erinnert die Lehrerin daran, dass alle Menschen eigentlich wissen, wie sie gerettet werden und dass nur menschliche Nachlässigkeit den Weg zum Heil gefährdet (Vita 22). Diese Gefährdung will sie durch die praktische Askese ausgeräumt wissen. Ihre Unterweisung zielt deshalb auf die Einforderung der Askese, auf die Ordnung des „praktischen Lebens" (Praktike), wie es in ihrer Sprachregelung heißt. Das „beschauliche Leben", die Theoria, bleibt außerhalb ihres Blickfeldes. Das praktische Leben ist erfüllt von den bekannten asketischen Übungen und Haltungen, wobei die Armut einen bevorzugten Stellenwert erhält (Vita 72–73). In den asketischen Forderungen ist sie unnachgiebig und kann auch sehr streng sein. Generell mahnt sie jedoch das rechte Maß an, die kluge Mäßigung und Unterscheidung (Diakonie, discretio; Vita...). Zum praktischen Leben gehört auch das beständige Gebet (Vita 29); es ist die hilfreiche Waffe und gewährt den sicheren Schutz (Vita 18–19; 40; 80) auf dem Weg derer, „die zu Gott aufbrechen" (Vita 60).

Diesem Weg stellen sich die sinnlichen und geistigen Leidenschaften entgegen, mit denen der Teufel (die Dämonen) zum Bösen anstachelt. Ziel des praktischen Lebens ist die Beherrschung der Leidenschaften, an deren Stelle die Tugenden treten sollen. Syncletica hätte von der Apatheia oder der Reinheit des Herzens sprechen können, die die vollkommene Liebe ermöglicht. Aber diese Begriffe kommen in der Rede nicht vor.

Zu den Quellen

In ihrer Rede trägt Syncletica weithin das Gemeingut der altkirchlichen Virginitätsaskese vor. Unmittelbare literarische Abhängigkeiten sind nicht leicht auszuweisen, da in dem konventionellen Schrifttum vielfach die gleichen Argumente vorgetragen werden und zwischen den einzelnen Autoren schon ein lebhafter Austausch stattgefunden hat.

Zuerst ist bei Syncletica ein reger Gebrauch biblischer Texte festzustellen. Aus dem AT werden bevorzugt die Psalmen benutzt, aus dem NT das Matthäusevangelium und die Paulusbriefe. Erheblich geringer ist der Schriftgebrauch im Makrina-Leben. Viel näher steht das Antoniusleben mit seiner reichen Schriftbenützung; nicht selten finden sich hier Bibelzitate, die in der Syncletica-Rede im gleichen Kontext stehen. Die Bibelzitate der Rede sind konsequent dem Ziel der Rede untergeordnet. Der asketische Evangelismus ist als Vorverständnis solchen Schriftverständnisses einzusetzen.

Was die literarischen Quellen angeht, so ist an erster Stelle die Vita Antonii zu nennen. Äußere Parallelen wurden schon genannt – Aufbruch in die Askese nach dem Tod der Eltern, Besitzverzicht, Grabaufenthalt, lange Rede an die Mönche; dazu kommen übereinstimmende zentrale Themen und Berufung auf gleiche Schriftworte.

Vita Synkletike

1. Alle Menschen sollten im Guten nicht unerfahren sein. Wenn sie nämlich in guten Werken geübt sind, werden sie das Leben ohne Schaden bestehen. Denn den Ungeübten entgeht viel von dem, was nützlich ist. Das geschieht ihnen deshalb, weil sie aus Nachlässigkeit schwerfälligen Geistes sind. Gar häufig kommen kostbare Perlen in die Hände von armen Leuten. Doch weil sie in der Kunst nicht erfahren sind, verachten sie sie als unbedeutende und unnütze Dinge.

Ebenso geht es auch uns; solange wir noch die kindliche und unerfahrene Seele haben und zufällig auf die Perle stoßen, erachten wir sie als nichts Großes. Denn wir schauen nur auf die äußere Gestalt, sind jedoch von der Erkenntnis ihrer Natur weit entfernt. Wenn wir jedoch nach und nach ihre Schönheit aus der Nähe erfasst haben, dann erwacht in uns ein göttlicher Eros für das, was wir gesehen haben. Denn die Sache selbst hat jetzt in unserem Geist das Verlangen entzündet.

2. Doch warum rede ich von Gegenwärtigem oder warum zähle ich mich zu ihnen, als ob ich doch einiges von der berühmten und seligen Synkletike wüsste und zu sagen vermöchte. Ich bin nämlich der Meinung, dass keine menschliche Begabung in der Lage ist, ihre guten Taten darzustellen. Wer immer daran geht, von ihr zu reden, wird weit entfernt bleiben von dem, was er sich vorgenommen hat, auch wenn er weise ist und Kenntnis besitzt. Denn wie diejenigen, die fest in die Sonne schauen wollen, an ihren Augen Schaden erleiden, so würden die, die ihr Leben wie in einem Spiegel schauen wollen, vom Schwindel erfasst angesichts der Größe ihrer Tugenden. Sie werden es aufgeben, die Kraft verlieren und ihr Geist wird in Verwirrung gestürzt werden.

3. Wir jedoch sind nach unserem eigenen Vermögen ihren Spuren nachgegangen. Von ihren Zeitgenossen haben wir einiges über die Anfänge ihres Lebens gehört; ihre Handlungen selbst haben uns ein wenig Licht gebracht. Deshalb machen wir uns ans Schreiben und erwarten für uns selbst eine heilsame Speise. Freilich, würdig von ihr zu reden, das ist nicht nur uns unmöglich, sondern auch für viele andere überaus schwer.

4. Synkletike, die den gleichen Namen wie die himmlische Versammlung (synkletikos) trägt, stammt aus dem Land Makedonien. Als ihre Vorfahren von der Gottes- und Christusliebe der Alexandriner gehört hatten, zogen sie aus Makedonien in die Stadt des Makedoniers. Nach ihrer Ankunft fanden sie die Wirklichkeit noch besser als ihr Ruf und ließen sich gerne dort nieder. An der Menge des Volkes hatten sie jedoch keine Freude, bestaunten auch nicht die großen Bauten. Doch da sie einträchtigen Glauben mit reiner Liebe entdeckten, nahmen sie die Fremde als zweite Heimat an.

5. Die selige Synkletike war von vornehmem Geschlecht und auch geschmückt mit den anderen Vorzügen, die in dieser Welt gelten. Sie hatte eine einzige Schwester von gleicher Gesinnung und zwei Brüder, auch sie wurden zu einem sehr anständigen Leben erzogen. Der eine von ihnen starb schon im Kindesalter, der andere wurde im 25. Lebensjahr von seinen Eltern zum Heiraten bestimmt. Als alles schon für dieses Vorhaben vorbereitet war und die üblichen Verträge abgeschlossen waren, da entfloh dieser junge Mann wie ein Vogel aus der Schlinge und vertauschte die irdische Braut mit der reinen und freien Gemeinschaft der Heiligen.

6. Synkletike selbst, als sie noch in den elterlichen Armen lag, übte ihre Seele vor allem in die Gottesliebe ein. Und um die Bedürfnisse des Leibes kümmerte sie sich keineswegs in dem Maße, wie sie auf die Bewegungen ihrer Seele achtete.

7. Körperlich war sie außerordentlich wohlgestaltet. Deshalb kamen von ihrer frühen Jugend an viele Freier zu ihr; die einen waren von ihrem Reichtum angezogen, die anderen vom vornehmen Stand ihrer Eltern, doch vor allem hatte es ihnen die Schönheit des Mädchens angetan. Auch die Eltern selbst drängten mit Freude das Mädchen zur Heirat. Sie bestanden darauf, weil sie durch sie den Fortbestand ihrer Familie sichern wollten. Doch Synkletike, klug und hochherzig im Geist, stimmte ganz und gar nicht diesen Ratschlägen der Eltern zu. Wenn sie von irdischer Hochzeit hörte, dann stellte sie sich die göttliche Hochzeit vor Augen. Und während sie viele Freier verschmähte, hatte sie nur den einen himmlischen Bräutigam im Sinn.

8. Man konnte sie schon als treue Schülerin der seligen Thekla ansehen, denn sie hielt sich an die gleichen Weisungen. Für beide war doch der einzige Freier Christus, und beide hatten auch nur den einen Brautführer

Paulus. Und ich glaube, dass sie sich auch im Brautbett nicht unterschieden, denn ihr Brautgemach war die Kirche. Sogar David singt für sie beide seine heiligen und göttlichen Lieder. Denn mit seinen „wohlklingenden Zimbeln" (Ps 150,5) erfreut er die Seelen, die sich Gott weihen, und mit Pauken und Zehnsaitenharfe spielt er das vollkommenste Lied. Für diese heiligen Hochzeiten aber führt Maria die Tanzchöre an mit den Worten: „Singen wir dem Herrn, herrlich und hocherhaben ist er" (Ex 15,21). Und zu den gemeinsamen Speisen des göttlichen Mahles heißt es für die Essenden: „Kostet und seht, wie gütig der Herr ist" (Ps 34/33,9). Und auch ihr Hochzeitskleid war von einem Gewebe: „Denn alle, die in Christus getauft sind, haben Christus angezogen" (Gal 3,27). Von gleicher Art war auch ihre Liebe zum Herrn, denn ihnen waren die gleichen Gaben geschenkt worden. Außerdem kämpften sie in den gleichen Kämpfen. Das Martyrium der seligen Thekla ist doch niemandem unbekannt, wie sie mit Feuer und wilden Tieren zu kämpfen hatte. Und ich kann mir auch nicht vorstellen, dass das tugendhafte Mühen und die Anstrengungen der Synkletike der Menge verborgen blieben. Denn weil es für sie der eine Erlöser war, nach dem sie sich sehnten, hatten sie notwendigerweise auch den einen Widersacher. Ich nehme sogar an, dass bei Thekla die Anstrengungen geringer waren. Die Bosheit des Feindes war nämlich vermindert, weil er nur von außen her angriff. Synkletike aber erfuhr das Böse in viel schärferer Form, weil es sie im Innern durch feindselige und verderbliche Gedanken traf.

9. Das Gewebe bunter Kleider riss ihre Augen nicht hin noch der vielfältige Glanz kostbarer Steine. Der Klang der Zimbel betörte ihr Ohr nicht, und der Klang der Flöte konnte die Spannung ihrer Seele nicht auflösen. Die Tränen ihrer Eltern und auch kein Zureden ihrer Verwandten konnten sie erweichen. Vielmehr blieb ihr Sinn unerschütterlich, und ihr Geist ließ sich nicht ablenken. Gleichsam wie Türen schloss sie all ihre Sinne, um sich allein mit ihrem Bräutigam zu unterhalten, wobei sie sich an die Worte der Hl. Schrift hielt: „Ich gehöre meinem Geliebten, und mein Geliebter ist mein" (Hld 2,16). Und wenn sie auf nichtige und verwirrende Unterhaltungen traf, floh sie sie und zog sich zurück in die inneren Kammern ihres Herzens. Wo sie jedoch erleuchtete und hilfreiche Gespräche fand, da öffnete sie ihren Geist weit, um die dargereichten Worte aufzunehmen.

10. Sie vernachlässigte auch die heilbringenden Heilmittel für ihren Körper nicht. Das Fasten liebte sie so sehr, dass niemand in ihrer Umgebung ihr darin gleichkam. Sie sah in ihm den Wächter und die Grundlage für alles andere. Und wenn es einmal notwendig war, dass sie außerhalb der gewohnten Stunde etwas essen musste, dann erfuhr sie das Gegenteil von Speisenden: Ihr Angesicht wurde bleich, das Gewicht ihres Körpers nahm ab. Denn wer gegen seinen Willen etwas tun muss, der erreicht mit seinem Tun das Gegenteil. Wie etwas im Anfang festgelegt wird, so beschaffen ist gewöhnlich auch das, was daraus folgt. Diejenigen, die Nahrung mit Lust und Gewinn verzehren, zeigen doch blühende Körperfülle. Diejenigen jedoch, die vom Gegenteil bestimmt sind, deren Körper magert ab und wird schwach. Der Beweis für meine Worte sind die Kranken. Die Selige nun wollte ihren Leib schwächen, damit die Seele umso kräftiger werde. So handelte sie nach dem Wort des Apostels: „Wenn unser äußerer Leib aufgerieben wird, so erneuert sich doch unser innerer" (2 Kor 4,16). Sie kämpfte freilich auf solche Weise, dass es der Menge verborgen blieb.

11. Nachdem ihre Eltern verstorben waren, wurde sie vom göttlichen Geist zu Höherem gedrängt. Sie nahm ihre Schwester mit sich, die blind war, verließ das väterliche Haus und zog sich in das Grab eines Verwandten zurück, das außerhalb der Stadt lag. Sie verkaufte all ihren ererbten Besitz und verteilte ihn unter den Armen. Dann suchte sie einen Priester auf und schnitt sich die Haarpracht ab. So legte sie allen Schmuck ab; bei den Frauen ist es ja üblich, das Haar als Schmuck zu benennen. Das war das Zeichen dafür, dass ihre Seele einfach und rein geworden war. Von da an verdiente sie den Titel einer Jungfrau.

12. Nachdem sie all ihren Besitz unter den Armen verteilt hatte, sagte sie: Eines großen Namens bin ich gewürdigt worden, doch ich habe nichts, was als Gegengeschenk für den Geber würdig wäre. Wenn in den weltlichen Geschäften Menschen um vergänglicher Ehre willen all ihr Vermögen einsetzen, um wie viel mehr muss dann ich, da ich solcher Gnade gewürdigt wurde, mit all den so genannten Gütern meinen Leib hingeben. Aber was rede ich von Besitz und Leib hingeben, wo doch alles ihm gehört. „Des Herrn ist die Erde und alles, was sie erfüllt" (Ps 24/23,1). Mit solchen Worten zeigte sie sich „angetan mit der Demut" (1 Petr 5,5) und führte nun ein einsames Leben.

13. Als sie noch im väterlichen Haus lebte, hatte sie sich gründlich in die Anstrengungen eingeübt; jetzt, in die Mitte des Stadions gelangt, schritt sie im Tugendkampf voran. Viele von denen, die ungeübt und unüberlegt sich diesem göttlichen Geheimnis nahten, haben das angestrebte Ziel verfehlt, weil sie nicht alles im Einzelnen vorausbedacht haben. Genau wie Leute, die sich auf eine Reise begeben wollen, zuvor sich um das Reisegeld sorgen, so hat auch Synkletike sich mit ihren früheren Anstrengungen gleichsam das Reisegeld besorgt und konnte dann furchtlos den Weg zur Höhe antreten. Sie hat wirklich alles, was zur Vollendung des Hauses nötig ist, auf die Seite gelegt, jetzt konnte sie selbst den stärksten Turm bauen (vgl. Lk 14,24). Wie bekannt, wird das Material für den Hausbau gewöhnlich von auswärts herangebracht. Sie aber hat das Gegenteil getan. Denn sie hat kein Material von außen zusammengetragen, vielmehr hat sie es aus dem Inneren ausgeleert. Sie hat ja ihren Besitz den Armen geschenkt, den Zorn aufgegeben und die Rachsucht, den Neid und die Ruhmsucht vertrieben und so ihr Haus auf den Felsen gebaut, dessen Turm weithin sichtbar ist und das Haus sicher vor dem Sturm (vgl. Mt 7,24).

14. Warum soll ich mehr sagen? Von Anfang an übertraf sie die, die im einsamen Leben erfahren waren. Denn wie sehr talentvolle Kinder, die noch die Buchstaben lernen, die älteren übertreffen, die schon längere Zeit bei den Lehrern sind, so hat auch Synkletike „glühend im Geist" (Röm 12,11) die übrigen hinter sich gelassen.

15. Ihr praktisches und asketisches Leben zu beschreiben, ist uns nicht möglich, denn sie hat nicht zugelassen, dass einer dessen Beobachter werde. Sie wollte nicht, dass die Leute ihrer Umgebung zu Verkündigern ihrer männlichen Taten würden. Sie sorgte sich weniger darum, Gutes zu tun, sondern vielmehr darum, es im Verborgenen zu bewahren. Doch das tat sie nicht aus Angst vor Neid, sondern von göttlicher Gnade gedrängt. Denn sie trug jenes Wort des Herrn im Herzen: „Wenn deine Rechte etwas tut, soll es die Linke nicht wissen" (Mt 6,3). Im Verborgenen führte sie so das aus, was ihrer Berufung entsprach.

16. Von Kindheit an bis zum Erwachsenenalter hat sie nicht nur jeden Umgang mit Männern abgelehnt, sondern meist auch den mit ihren Geschlechtsgenossinnen. Und das aus zwei Gründen; einmal, um nicht übertrieben gelobt zu werden für ihre Askese und zum anderen, um die Tugend nicht zu gefährden durch die menschlichen Beziehungen.

17. Sie beobachtete die ersten Regungen ihrer Seele aufmerksam und gestattete ihnen nicht, zu den körperlichen Begierden hinabgezogen zu werden. Wie bei einem üppig wuchernden Baum schnitt sie die unfruchtbaren Zweige ab. Denn durch Fasten und Beten schaffte sie die Gedanken weg, die nur Dornen hervorbrachten. Und wenn einer davon auch nur ein wenig herauskam, dann begegnete sie ihm mit verschiedenen Strafen und peinigte ihren Leib mit allen Arten von Züchtigungen. Sie begnügte sich nicht mit dem Verzicht auf Brot, sondern nahm auch nur ganz wenig Wasser.

18. Wenn der Ansturm des Feindes auf sie traf, dann begann sie, im Gebet den Herrn um seine Hilfe anzuflehen. Denn es genügte ihr nicht, den Angriff des Löwen durch asketische Praxis abzuwehren. Und sobald sie zu beten anfing, war der Herr zugegen, und der Gegner machte sich davon. Häufig jedoch dehnte der Feind den Kampf aus, und der Herr vertrieb den Bösen nicht, um die Bewährung der erprobten Seele zu stärken. Durch die hinzugegebenen Gaben war sie noch besser gerüstet für den Sieg über den Feind. Es genügte ihr nämlich nicht, sich nur durch Entsagung im Essen abzutöten, sie wollte sich auch von allem fern halten, was die Lust anregt. Sie aß nämlich nur Kleiebrot, verzichtete oft ganz auf Wasser und schlief nicht selten auf dem Boden. Solange der Kampf dauerte, griff sie zu den folgenden Waffen: Sie zog das Gebet an anstelle von Waffen und Schild, ihr Helm war die Verbindung von Glaube, Hoffnung und Liebe (vgl. Eph 6,16–18). Doch der Glaube ging allen voran und hielt alle ihre Waffen zusammen. Das Almosengeben war auch da, wenn auch nicht in der Tat, so doch in der Absicht.

19. Auf diese Weise war der Feind unterworfen und sie erleichterte die Härte der Askese. Das tat sie, damit die Glieder ihres Körpers nicht plötzlich zerfielen. Das wäre ein Zeichen der Niederlage gewesen, denn wenn die Waffen vernichtet sind, welche Hoffnung bleibt dann dem Soldaten für den Kampf? In der Tat haben einige durch maßloses und unbedachtes Fasten sich selbst zugrunde gerichtet und sich selbst eine tödliche Wunde zugefügt. Sie handelte jedoch nicht so, sondern tat alles mit Unterscheidung: Sie kämpfte heftig mit dem Feind durch Gebet und Askese. Doch sie sorgte sich auch um den Leib, wenn ihr eigenes Schiff Ruhe gefunden hatte. Denn auch die Seeleute bleiben nüchtern, wenn sie von Sturm und Wogen bedrängt werden, und setzen ihre ganze Kunst gegen die vor den

Augen liegende Gefahr ein. Aber wenn sie ihr Leben gerettet haben, dann sorgen sie sich um ihre zweite Rettung. Sie verbringen auch nicht ihre ganze Zeit im Toben des Meeres, vielmehr nehmen sie die kürzeste Ruhe zur Erholung von ihren Anstrengungen. Auch wenn sie nicht sorglos sind und nicht in tiefen Schlaf fallen, so haben sie doch aus der Erfahrung des Vergangenen eine Vorstellung des Kommenden gewonnen. Denn wenn der Sturm sich auch gelegt hat, so ist das Meer doch nicht schwächer geworden. Und wenn der zweite Ansturm vorüber ist, so bleibt doch der dritte. Wenn das Ereignis vorbeigegangen ist, so bleibt doch die Ursache. So verhält es sich auch im vorliegenden Fall. Wenn der Geist der Begierde vertrieben ist, so ist doch der, der die Macht über sie hat, nicht fern. Deshalb ist es nötig, „ohne Unterlass zu beten" (1 Thess 5,17) wegen der Unbeständigkeit des Meeres und auch wegen der schlimmen Bosheit des Feindes. Die Selige hat ganz genau den kleinen Wellenschlag des Lebens wahrgenommen und auch den Aufruhr der Geister vorausgesehen; mit aller Sorge hat sie ihr eigenes Boot in Frömmigkeit zu Gott hingesteuert. Unversehrt ließ sie es in den rettenden Hafen einlaufen und setzte als sichersten Anker ihren Glauben an Gott.

20. Apostolisch war ihr Leben jetzt, gefestigt im Glauben und in freiwilliger Armut, strahlend in Liebe und Demut. Sie setzte das rettende Wort in die Tat um: „Du wirst gehen über Nattern und Basilisk, niedertreten alle Kraft des Feindes" (Ps 91/90,13). Sie hörte für sich selbst das Wort: „Recht so, du guter und treuer Knecht. Du bist über weniges treu gewesen, ich will dich über vieles setzen" (Mt 25,26). Dieses Wort bezieht sich zwar auf die Gaben, es muss hier aber doch so verstanden werden: Weil du im körperlichen Kampf gesiegt hast, wirst du auch im geistlichen Kampf den Siegespreis erlangen, wo ich dein Schild sein werde. Die Mächte und Gewalten, von denen mein Knecht Paulus gesprochen hat (Eph 6,12), sollen die Stärke deines Glaubens erkennen. Jetzt hast du die widrigen Kräfte überwunden, du wirst jedoch mit Schrecklicherem zu kämpfen haben.

21. Nachdem sie sich zurückgezogen hatte, führte sie ihre guten Werke zur Vollendung. Mit der Zeit blühten ihre Tugenden auf und der „Wohlduft" (vgl. 2 Kor 2,15) ihrer außerordentlichen Anstrengungen breitete sich auf viele aus, denn – wie die Schrift sagt – „nichts ist verborgen, was nicht offenbar gemacht wird" (Mt 10,26). Gott weiß ja, wie er durch sich selbst die bekannt machen kann, die ihn lieben, um jene zur

Besserung zu führen, die hören. Deshalb kamen damals einige Frauen im Verlangen nach dem Besseren zu ihr und trugen ihr ihre Bitten um Anregendes zu ihrer eigenen Erbauung vor. In ihren Gesprächen erfuhren sie mehr über Synkletike's Leben und fingen an, häufiger zu kommen in der Hoffnung, Hilfe zu finden. Indem sie sich an die übliche Art hielten, fragten sie sie: „Wie kann man gerettet werden?" Sie seufzte tief, vergoss viele Tränen und zog sich in sich selbst zurück. Als ob ihre Tränen die Antwort gegeben hätten, bewahrte sie erneutes Schweigen. Jene aber bestürmten sie gemeinsam, von den großen Taten Gottes zu reden. Denn sie waren überwältigt und begeistert von all dem, was sie an ihr sahen. Und sie baten sie von neuem zu reden.

Diesem Zwang gab sie schließlich nach und nach einem langen Schweigen trug sie mit bescheidener Stimme das Wort der Schrift vor: „Tu dem Dürftigen nicht Gewalt an, denn er ist ja arm" (Spr 22,22). Die anwesenden Frauen nahmen diese Antwort mit Freuden auf, als kosteten sie Honig und Honigseim und fuhren mit ihren Fragen fort. Dann bedrängten sie sie mit Schriftworten, indem sie zu ihr sagten: „Umsonst hast du empfangen, umsonst sollst du auch geben" (Mt 10,8) und auch: „Gib Acht, dass du nicht für das verborgene Talent zahlen musst wie jener Knecht" (vgl. Mt 25,30).

Darauf antwortete sie ihnen: „Warum denkt ihr so Großartiges von mir Sünderin, als ob ich etwas Gutes zu tun oder zu sagen fähig wäre. Wir haben einen gemeinsamen Lehrer, den Herrn. Wir schöpfen geistliches Wasser aus einer Quelle. Wir saugen die Milch von den gleichen Brüsten, dem Alten und Neuen Testament." Doch sie sagten zu ihr: „Wir wissen wohl, dass wir als den einen Erzieher die Schrift haben und auch den einen Lehrer. Aber du hast mit hellwachem Eifer den größeren Fortschritt in der Tugend gemacht und es gehört sich, dass die, die in Gutem erfahren sind, also die Stärkeren, den Schwächeren zu Hilfe kommen, weil eben sie dazu fähig sind. Genau das hat unser gemeinsamer Lehrer befohlen."

Als die Selige das hörte, begann sie zu weinen wie ein Säugling an der Brust. Die anwesenden Frauen schoben ihre Fragen von neuem beiseite und drängten sie, mit dem Weinen aufzuhören. Als sie sich beruhigt hatte, entstand wieder ein langes Schweigen. Dann bedrängten sie sie von neuem. Sie fühlte Mitleid mit ihnen und nahm wahr, dass ihre Worte nicht ihr zum Lob gereichten, vielmehr Nutzen stifteten unter den Anwesenden. Deshalb begann sie, in folgender Weise zu ihnen zu sprechen:

22. „Meine Kinder, wir alle, Männer und Frauen wissen, wie wir gerettet werden, aber durch unsere eigene Nachlässigkeit kommen wir vom Wege des Heiles ab. Zuallererst müssen wir auf das achten, was wir durch die Gnade des Herrn erkannt haben, und das heißt: ‚Du sollst den Herrn deinen Gott lieben aus deiner ganzen Seele und deinen Nächsten wie dich selbst' (vgl. Mt 22,37.39). Darin wird der Anfang des Gesetzes beachtet, darin ruht auch die Fülle der Gnade. Der Satz ist zwar schnell gesprochen, aber die Kraft in ihm ist gewaltig und grenzenlos. Denn alles, was unserer Seele nützt, hängt von ihm ab. Dafür ist auch Paulus Zeuge, wenn er sagt, dass das Ende des Gesetzes die Liebe sei (1 Tim 1,5; vgl. Röm 13,10). Was immer Menschen in der Gnade des Geistes Nützliches sagen, kommt von der Liebe und wird in ihr vollendet. Deshalb besteht die Erlösung genau in der doppelten Liebe."

23. Es muss noch hinzugefügt werden, dass es wiederum von der Liebe kommt, wenn jede von uns weiß, was zu tun ist, was zur größeren Vollkommenheit führt. Die Frauen waren von diesem Wort überrascht und fragten sie weiter. Sie aber sprach zu ihnen: „Euch ist das Gleichnis des Evangeliums von der hundert-, sechzig- und dreißigfachen Frucht nicht unbekannt" (Mt 13,8). Die Zahl Hundert bezieht sich auf unsere Berufung; die Sechzig bezieht sich auf den Stand der Enthaltsamen und die Dreißig auf die, die in keuscher Ehe leben. Es ist schön, von der Dreißig zur Sechzig hinüberzugehen, weil es gut ist, von Kleinerem zu Größerem fortzuschreiten, während es gefährlich ist, vom Größeren zum Kleineren hinabzusteigen. Denn wer sich einmal dem Schlechteren zugeneigt hat, der wird auch in kleineren Dingen nicht aufrecht stehen, sondern sozusagen in den Abgrund des Verderbens gedrängt werden. Manche Frauen haben zwar die Jungfräulichkeit gelobt, aber wankelmütigen Sinnes gingen sie ins Verderben und „erfinden auch noch Entschuldigungen für ihre Sünden" (vgl. Ps 141/140,4). Sie sagen nämlich zu sich selbst – vielmehr zum Teufel –, wenn wir in keuscher Ehe lebten – welche Torheit! –, dann wären wir immer noch des dreißigfachen Lohnes würdig. Und sie fügen hinzu, dass das ganze Alte Testament die Kinderzeugung gefördert habe. Das sollte aber klar als Meinung des Teufels erkannt werden. Wer immer vom

Größeren zum Kleineren gezogen wird, ist ein Opfer des Widersachers. Wer sich so verhält, gleicht dem Soldaten, der davonläuft. Und er verdient keine Verzeihung, weil er zu einer weniger strengen Truppe übergelaufen ist, vielmehr verdient er Strafe, weil er davongelaufen ist.

Deshalb ist es notwendig, wie ich schon vorher gesagt habe, vom Kleineren zum Größeren aufzusteigen. Das lehrt genau auch der Apostel: Vergessen, „was hinter einem liegt, und sich ausstrecken nach dem, was vor einem liegt" (Phil 3,13). Deshalb müssen die, die das Hundertfache erobert haben, es auf sich beziehen und dürfen der Zahl keine Grenze setzen, denn die Schrift sagt: „Wenn ihr alles getan habt, dann sprecht: Wir sind nur unnütze Knechte" (Lk 17,10).

24. Wir, die wir dieser Berufung folgen, müssen deshalb vor allem vollkommene Keuschheit bewahren. Auch unter weltlichen Frauen scheint die Keuschheit wertgeschätzt zu werden, aber bei ihnen mischt sich Unreinheit dazwischen, denn sie sündigen mit allen anderen Sinnen. Sie lassen ihre Blicke schamlos herumstreifen und lachen ungezügelt. Wir wollen all das entschieden ablehnen, aufwärts zur Tugend steigen und von unserem Blickfeld alle eitle Phantasie fernhalten. Denn die Schrift sagt ja: „Lass deine Augen das Gerade sehen" (Spr 4,25). Und wir halten auch unsere Zunge von diesen Sünden fern. Es ist doch schändlich, wenn das Organ für die Hymnen schamlose Worte spricht. Ja, man muss sich nicht nur vor solchem Sprechen hüten, sondern auch schon vor dem Hören.

25. Es ist jedoch unmöglich, diese Dinge zu beobachten, wenn wir häufig auszugehen pflegen. Denn durch unsere Sinne dringen die Diebe ein, auch wenn wir es nicht wollen. Wird denn ein Haus, dessen Türen offen stehen, nicht geschwärzt vom Rauch, der von außen kommt? Es ist deshalb unbedingt notwendig, dass wir den Ausgang in die Öffentlichkeit meiden. Wenn wir es schon lästig und peinlich empfinden, unsere Brüder und Eltern nackt zu sehen, um wie viel mehr muss es uns schmerzlich sein, auf den Straßen Leute zu sehen, die schamlos entkleidet sind und auch noch zügellose Reden führen. Genau daher kommen doch die schimpflichen und vergiftenden Vorstellungen.

26. Doch selbst, wenn wir uns in unsere Häuser einschließen, dürfen wir auch dort nicht sorglos sein, vielmehr müssen wir wachsam sein, denn es steht ja geschrieben: „Seid wachsam!" (Mt 24,42). Je mehr wir uns in der Keuschheit gefestigt haben, desto mehr werden wir von lästig schlimmen

Gedanken bedrängt. Denn die Schrift sagt doch: „Wer das Wissen mehrt, mehrt auch den Schmerz" (Koh 1,18). Je mehr nämlich die Wettkämpfer Fortschritte machen, desto mehr werden sie von stärkeren Gegnern bedrängt. Achte darauf, welchen Gefahren du entkommen bist, dann wirst du das Gegenwärtige nicht unterschätzen. Hast du die körperliche und äußerliche Unzucht besiegt? Dann wird der Feind dir mit der zusetzen, die durch die Sinne geschieht. Und solltest du dich auch davor schützen, so wird er sich in den Gedankenräumen verstecken und dir einen geistlichen Kampf bescheren. Auch Frauen, die als Einsiedlerinnen leben, stellt er hübsche Gesichter und frühere Beziehungen vor Augen. Man darf solchen Vorstellungen ganz und gar keine Beachtung schenken, denn es steht geschrieben: „Wenn der Geist des Herrschers sich gegen dich erhebt, dann gib deinen Platz nicht auf" (Koh 10,4). Solchen Dingen zuzustimmen, gleicht der Unzucht in der Welt. Die Schrift sagt: „Die Gewaltigen werden gewaltig bestraft" (Weish 6,6). Mächtig ist deshalb der Kampf gegen den Geist der Unzucht, denn er ist das Hauptübel des Feindes zur Vernichtung der Seele. Genau das hatte der selige Ijob im Sinn, als er vom Teufel sagte: „Er ist jener, dessen Stärke im Nabel seines Bauches ist" (Ijob 40,16).

27. Mit vielen und verschiedenen Machenschaften reizt der Teufel den Stachel der Unzucht in den Menschen, die Christus lieben. Häufig bemächtigt sich der Böse sogar der schwesterlichen Liebe, um sie für seine Bosheit zu gebrauchen. In der Tat hat er Jungfrauen, die der Ehe und aller Scheinpracht entflohen sind, in der schwesterlichen Zuneigung eine Falle gestellt. Und auch Mönche hat er verwundet, selbst solche, die der Unreinheit in jeder Form entflohen sind, hat er durch fromme Beziehungen verführt. Das ist ja die Kunst des Teufels, unter fremder Verkleidung seine eigene Absicht unbemerkt zum Ziele zu bringen. Er zeigt ein Stückchen Brot (Getreidekorn), aber darunter legt er eine Falle. Ich denke, dass unser Herr gerade davon gesprochen hat: „Sie kommen zu euch in Schafskleidern, aber inwendig sind sie reißende Wölfe" (Mt 7,15).

28. Was sollen wir dagegen tun? Lasst uns „klug sein wie die Schlangen und einfältig wie die Tauben" (Mt 10,16); d. h., bieten wir gegen seine Tücken unsere ganze geistige Kraft auf. Das Wort „seid klug wie die Schlangen" ist gesagt, damit uns die Angriffe des Teufels nicht verborgen bleiben sollen. Denn das Gleiche wird am schnellsten aus dem Gleichen erkannt. Das „einfältig wie die Tauben" zeigt auf die Reinheit im Werk. Deshalb ist

jedes gute Werk die Flucht vor dem Schlechteren. Aber wie können wir fliehen, was wir gar nicht kennen? Deshalb müssen wir die Schlauheit des Feindes in Erwägung ziehen, um uns gegen seine üblen Machenschaften zu schützen. Die Schrift sagt ja: „Er geht umher, suchend wen er verschlingen könnte" (1 Petr 5,8), und auch: „Seine Speise ist ausgewählt" (Hab 1,16). Es ist deshalb notwendig, immer wachsam zu sein. Denn er kämpft durch äußere Akte und unterwirft durch innere Gedanken. Und durch das Innere wirkt er viel mehr, denn bei Nacht und bei Tag greift er unsichtbar an.

29. Was ist nun nötig für den gegenwärtigen Krieg? Ganz eindeutig strenge Askese und reines Gebet. Das sind zwar die allgemeinen Heilmittel gegen alle schlimmen Gedanken. Aber es ist auch nötig, einige besondere Erwägungen anzustellen, um unter den gegenwärtigen Umständen diese Pest aus unserer Seele zu vertreiben. Und einem ganz schlimmen Gedanken muss man das Gegenteil entgegensetzen. Wenn in den Gedankenräumen das Phantasiebild eines schönen Antlitzes auftaucht, dann sollte dem sofort mit aller Vernunft entgegengetreten werden: man soll dem Bild die Augen ausstechen, das Fleisch von den Wangen abziehen, die Lippen abschneiden – dann schaue man das hässliche Gestell nackter Knochen an – und endlich bedenken, was das Begehrte war. Auf diese Weise kann der Verstand sich von dem eitlen Trugbild abwenden. Denn das, was man da liebte, war nichts anderes als ein Gemisch von Blut und Schleim, genau das, was bei lebendigen Geschöpfen eine Kleidung erfordert. So also, und durch solche Gedanken, ist es möglich, das abscheuliche Übel zu vertreiben. Und ebenso wie man einen Nagel mit einem anderen Nagel ausschlägt, so vertreibt man auch den Dämon. Und weiter ist es nötig, sich den ganzen Leib des Geliebten mit übel riechenden Geschwüren und Eiterbeulen bedeckt vorzustellen – kurz, ihn mit dem inneren Auge wie einen Kadaver ansehen oder sich selbst als einen Kadaver. Doch das Beste von allem ist, den Bauch zu beherrschen. Auf diesem Wege ist man in der Lage, auch die Lust unter dem Bauch zu beherrschen.

30. Das war wirklich ein göttliches Gastmahl für die Versammelten. Die Kelche der Weisheit stimmten sie fröhlich. Die selige Synkletike war es, die ihnen den göttlichen Trank und das Wasser reichte. Jede der Frauen erhielt, was sie wünschte. Eine von den Anwesenden stellte die Frage, ob die Armut ein vollkommenes Gut sei? Sie aber sprach: Das ist sicher ein sehr großes Gut für die Frauen, die sie ertragen können. Denn die, die sie

auf sich nehmen, haben Bedrängnis im Fleisch, in der Seele aber Ruhe. Genau wie die groben, festen Kleider zum Waschen und Bleichen mit den Füßen getreten und kräftig durchgewalkt werden, so wird auch die starke Seele durch die freiwillige Armut an Festigkeit gewinnen. Jedoch die, die schwächeren Geistes sind, werden das Gegenteil jener erleiden. Wenn sie nur ein wenig bedrängt werden, dann zerbrechen sie wie zerrissene Kleider und ertragen die Reinigung durch die Tugend nicht. Und obwohl der Wäscher derselbe ist, das Ende für die Kleider ist verschieden. Die einen werden zerrissen und gehen zugrunde, während die anderen weiß und erneuert werden. Deshalb kann man sagen, dass die Armut ein kostbarer Schatz ist für den männlichen Geist. Denn sie ist ein Zügel gegen das Sündigen.

31. Zuerst muss man sich jedoch in Strenge üben. Ich meine im Fasten, Schlafen auf dem Boden und anderen Strengheiten der Reihe nach, um auf diese Weise die Tugend zu erreichen. Diejenigen, die nicht in dieser Art vorgegangen sind, sondern unvermittelt und rasch ihren Besitz aufgegeben haben, haben es allgemein nachher bereut.

32. Das Werkzeug für ein Leben im Genuss sind nämlich Reichtümer. Schaffe also zuerst deine eigene Fertigkeit weg, Esslust und Weichlichkeit, dann wirst du leicht in der Lage sein, deinen materiellen Besitz aufzugeben. Denn meiner Meinung nach ist es schwer, solange die Fertigkeit noch vorhanden ist, das Werkzeug nicht zu gebrauchen. Wenn eine Frau nicht das erste aufgegeben hat, wie wird sie fähig sein, das zweite zurückzuweisen? Aus diesem Grund hat auch der Erlöser im Gespräch mit dem reichen Mann von ihm nicht verlangt, sofort seine Reichtümer aufzugeben, vielmehr hat er ihn zuerst gefragt, ob er die Gebote des Gesetzes erfüllt habe (vgl. Mt 19,21). Indem er die Rolle des wahren Lehrers annimmt, fragt der Herr: „Hast du die Buchstaben gelernt? Verstehst du die Silben? Hast du auch den Wortschatz dir angeeignet? Dann geh' voran und lies flüssig – d.h., komm, verkaufe deinen Besitz und folge mir nach" (Mt 19,21). Ich denke, wenn der Mann nicht versprochen hätte, alles getan zu haben, was er gefragt worden war, dann hätte ihn der Herr nicht zur Aufgabe seiner Güter aufgefordert. Denn wie soll einer an das Lesen gehen können, der die Bedeutung der Silben nicht kennt?"

33. Die freiwillige Armut ist also gut für die, die sich schon an das Gute gewöhnt haben. Denn wenn sie allen überflüssigen Besitz weggegeben haben, dann wenden sie ihren Blick zum Herrn und singen in aller

Reinheit die göttlichen Worte: „Unsere Augen hoffen auf dich, du gibst zur rechten Zeit Speise denen, die dich lieben" (Ps 145/144,15).

34. Sie, die in Armut leben, gewinnen auch in anderer Hinsicht großen Vorteil. Denn weil sie ihren Sinn nicht auf einen irdischen Schatz richten, kleiden sie sich in das Himmelreich und erfüllen ganz klar die Worte des Psalmisten David: „Ich bin vor dir wie ein Stück Vieh geworden" (Ps 73/72,22). Denn wie Lasttiere, die ihre Arbeit verrichten, ganz zufrieden sind mit der Nahrung, die für ihr Leben notwendig ist, genauso halten die, die in freiwilliger Armut leben, den Gebrauch von Silber für unnütz und verrichten ihre Handarbeit allein, um das tägliche Brot zu verdienen. Diese Leute besitzen das Fundament des Glaubens. Für sie hat der Herr gesagt, sie sollen nicht für den morgigen Tag besorgt sein (vgl. Mt 6,34) und „die Vögel des Himmels säen nicht, noch ernten sie und doch ernährt sie der himmlische Vater" (Mt 6,26). Sie bauen fest auf diese Worte (denn Gott hat sie gesprochen), und voll Vertrauen sprechen sie das Wort der Schrift: „Ich habe geglaubt, und deshalb habe ich geredet" (Ps 116/115,10).

35. Dazu wird auch der Feind von denen, die ohne Besitz leben, viel leichter überwunden. Denn er hat ja nichts, wodurch er schaden könnte. Der größte Teil unserer Trauer und Versuchungen kommt doch vom Verlust unserer Güter. Doch was kann er gegen die unternehmen, die nichts besitzen? Gar nichts! Kann er an ihre Güter Feuer legen? Es gibt sie nicht! Kann er ihre Zugtiere töten? Aber sie haben gar keine! Ihren Liebsten schaden? Auch von ihnen haben sie sich schon lange verabschiedet. Die freiwillige Armut ist deshalb der größte Schaden für den Feind und der kostbarste Schatz für die Seele.

36. Wie nun die Armut wunderbar und ganz vorzüglich für die Tugend ist, so ist die Habsucht abscheulich und zum Laster führend. Mit Recht hat der göttliche Paulus gesagt, dass die Habsucht der Grund allen Übels ist (1 Tim 6,10). Denn das Verlangen nach Reichtum, Meineid, Diebstahl, Raub, Unzucht, Neid, Bruderhass, Krieg, Götzendienst, Geiz und alles was daraus entsteht: Heuchelei, Schmeichelei, Spott –, für all das gilt allgemein als Grund die Habsucht. Ganz mit Recht hat sie deshalb der Apostel die Mutter aller Übel genannt. Solche Leute werden nicht allein von Gott gestraft, sie bereiten sich vielmehr selbst den Untergang. Denn sie tragen ja in sich ein Übel, das unersättlich ist und erreichen deshalb nie das Ziel; deshalb ist ihre Wunde auch unheilbar. Wer aber nichts hat, ver-

langt nach wenig und wenn er das Wenige erlangt hat, sehnt er sich nach mehr. Hat einer hundert Goldmünzen, dann giert er nach tausend und hat er auch die glücklich beschafft, dann geht sein Streben ins Unendliche. So sind sie unfähig, sich selbst eine Grenze zu setzen, und beklagen ständig ihren Mangel. Außerdem ist die Habsucht immer mit dem Neid verbunden und verdirbt zuerst den, den er besitzt. Genau wie die Viper nach ihrer Geburt zuerst ihre eigene Mutter tötet, bevor sie andern Schaden zufügt, so richtet der Neid zuerst den von ihm Besessenen zugrunde, bevor er sich auf die Benachbarten ausbreitet.

37. Es wäre von großem Vorteil, wenn wir beim Suchen nach den wahren Reichtümern genauso viele Bedrängnisse ertragen könnten, wie die Jäger nach eitler Weltlichkeit als unvermeidlich auf sich nehmen. Sie nehmen Schiffbrüche auf sich, kämpfen gegen Piraten, fallen unter Räuber auf dem Land und halten Stürme und widrige Winde aus. Und häufig, wenn sie erfolgreich sind, nennen sie sich arm im Blick auf den Neid der Leute. Wir jedoch nehmen keine solchen Gefahren auf uns, um zu einem wirklichen Gewinn zu kommen. Und wenn wir einmal einen kleinen Fortschritt machen, dann blähen wir uns auf und stellen uns vor den Leuten zur Schau. Und gar nicht selten erzählen wir dann mehr als wir getan haben. Der Funke von Güte, den wir zu besitzen scheinen, wird uns sofort vom Feind geraubt. Jene Weltleute aber, die große Gewinne machen, tragen Verlangen nach mehr. Was sie schon besitzen, das halten sie für nichts und schauen eifrig nach dem aus, was sie noch nicht haben. Wir jedoch, die wir nichts haben von dem, wonach man strebt, wollen auch gar nichts erwerben. Und während wir äußerste Armut erleiden, halten wir uns für reich. Deshalb ist es angemessen, dass, wer Gutes tut, davon zu niemandem spricht. Solche Leute werden nämlich bestraft: Was sie zu besitzen scheinen, wird ihnen genommen werden (vgl. Lk 8,18).

38. Mit allem Eifer müssen wir deshalb dafür sorgen, dass unser Gewinn verborgen bleibt. Diejenigen, die von ihren eigenen Erfolgen reden, sollten versuchen, in gleicher Weise von ihren Fehlern zu sprechen. Doch wenn sie diese aus Angst vor dem Tadel ihrer Zuhörer verheimlichen, dann sollten sie auch von ihren guten Werken schweigen, weil das von Gott entfernen könnte. Ganz sicher tun die, die der Tugend entsprechend leben, genau das Gegenteil. Sie geben ihre kleinen Fehler bekannt und fügen auch noch hinzu, was sie gar nicht begangen haben, und verzichten so auf

die gute Meinung der Leute. Stattdessen verheimlichen sie ihre guten Werke, um ihre Seele in aller Sicherheit zu bewahren. Denn wie ein entdeckter Schatz seinen Wert verliert, ebenso verschwindet die Tugend, sobald sie bekannt und öffentlich gemacht wird. Und auch wie Wachs am Feuer schmilzt, so gibt unter Lob die Seele ihre Spannung und ihre Spannkraft auf.

39. Doch auch das Gegenteil davon ist wahr. Wenn die Hitze das Wachs auflöst, gibt ihm die Kälte Festigkeit. Und wenn Lob von der Seele die Spannkraft nimmt, dann führen Tadel und Beleidigung sie ganz bestimmt zu den Höhen der Tugend. Die Schrift sagt ja: „Freut euch und frohlocket, wenn die Menschen alle Lügen von euch sagen" (Mt 5,12). An anderer Stelle heißt es: „In Bedrängnis hast du mich weit gemacht" (Ps 4,2) und wiederum: „Meine Seele hat erwartet Schimpf und Bedrängnis" (Ps 69/68, 21). Und Tausende guter Worte dieser Art gibt es in den Hl. Schriften, die der Seele Nutzen bringen.

40. Es gibt eine Trauer, die nützlich ist, und eine Trauer, die zerstörerisch ist. Zur nützlichen Trauer gehört das Weinen über die eigenen Sünden und über die Unwissenheit, in der sich unser Nächster befindet. Dazu gehört auch die Sorge, nicht von seinem Vorsatz abzugehen und die vollkommene Güte nicht zu erreichen. Das sind die Eigenheiten einer guten und echten Trauer. Doch da gibt es die andere Art von Trauer, vom Feind bewirkt, der sie mit der ersten zu vermischen weiß. Er selbst erregt eine Trauer, die völlig irrational ist und von einigen akedia genannt wird. Dieser (böse) Geist muss hauptsächlich durch Gebet und Psalmodieren ausgetrieben werden.

41. Wenn wir uns um das Gute sorgen, dann sollten wir nicht meinen, dass irgendjemand in diesem Leben ohne Sorge sein könnte. Denn die Schrift sagt: „Jedes Haupt ist für Leiden bestimmt, und jedes Herz für Trauer" (Jes 1,5). In diesem einen Satz hat der Hl. Geist das monastische und das weltliche Leben beschrieben. Denn mit den „Leiden des Hauptes" hat er den Weg des monastischen Lebens gemeint; das Haupt ist ja das Führende. Es heißt doch: „Die Augen des Weisen sind in seinem Haupt" (Koh 2,14). Deshalb denke ich, sitzt die Unterscheidungsgabe im Haupt. Und mit den „Leiden" ist gemeint, dass jeder Keim der Tugend aus Leiden aufwächst. Mit der „Traurigkeit des Herzens" bezeichnet er die unbeständige und mühevolle Art des weltlichen Lebens. Denn der Sitz des Zornes

und der Traurigkeit ist das Herz, wie einige sagen. Wenn Leute nicht geehrt werden, sind sie traurig. Wenn sie nach Dingen verlangen, die anderen gehören, gehen sie vor Gram zugrunde. Sind sie arm, sind sie unglücklich, sind sie reich, dann werden sie unruhig und können nicht schlafen, weil sie ihren Besitz bewachen müssen.

42. Lassen wir uns doch nicht verführen vom Gedanken, die Weltleute seien ohne Sorgen. Vielleicht, wenn man einen Vergleich anstellt, müssen sie sich viel mehr quälen als wir. Gerade Frauen erfahren im Allgemeinen in der Welt mehr Feindseligkeit. Sie gebären Kinder in Schmerzen und Gefahren, sie leiden geduldig, indem sie die Kinder stillen, sie teilen die Krankheiten mit ihren kranken Kindern. Und das alles nehmen sie auf sich, wobei die Mühe kein Ende nimmt. Denn entweder sind die Kinder, die sie geboren haben, am Leibe verstümmelt oder sie wachsen in Bosheit heran und bringen ihre Eltern heimtückisch um das Leben. Da wir um diese Dinge wissen, lasst uns nicht vom Feind verführt werden anzunehmen, ihr Leben wäre angenehm und sorgenfrei. Denn wenn Frauen gebären, sterben sie vor Schmerz, doch wenn sie nicht gebären, wirft man ihnen Unfruchtbarkeit und Kinderlosigkeit vor, was sie vor Gram zugrunde gehen lässt.

43. Das alles sage ich euch, um euch vor dem Widersacher zu schützen. Was ich euch gesagt habe, passt jedoch nicht für alle, sondern nur für die, die das monastische Leben gewählt haben. Denn so wie man den Tieren nicht eine einzige Art von Futter reicht, so ist auch das eine Wort nicht für alle Leute angebracht. Die Schrift sagt ja: „Man gießt nicht neuen Wein in alte Schläuche" (Mt 9,17). Die in Beschauung und geistlicher Erleuchtung gesättigt sind, werden auf ihre Art genährt, während jene, die das asketische und praktische Leben gekostet haben auf andere Art genährt werden, und noch einmal anders jene, die in der Welt leben und gute Werke nach besten Kräften vollbringen. Unter den Tieren sind die einen Landtiere, die anderen Wassertiere und die anderen sind geflügelt. So ist es auch bei den Menschen: Die einen halten sich an ein mittleres Leben wie die Landtiere, jene, die fest in die Höhe schauen, gleichen den Vögeln, und die, die von den Wassern der Sünde bedeckt sind, gleichen den Fischen. Denn es heißt ja: „Ich kam in die Tiefen des Meeres und die Fluten strömten über mich hinweg" (Ps 69/68,3). So ist die Natur der Tiere. Wir jedoch haben Flügel wachsen lassen wie die Adler, wollen uns in die Höhe erheben

und Löwen und Drachen niedertreten. Und wir herrschen jetzt über den, der uns bisher beherrscht hat. Und das werden wir tun, wenn wir unser ganzes Denken dem Herrn übergeben.

44. Doch je mehr wir uns zur Höhe emporreißen, desto mehr will uns der Feind in seinen eigenen Fallen fangen. Aber warum sollte es bemerkenswert sein, dass wir Frauen Widersacher haben, wenn wir zum Guten streben, wo diese Widersacher ja von Neid erfüllt sind schon im Blick auf gewöhnliche Dinge. Sie dulden sogar nicht einmal, dass die Menschen Schätze haben, die in der Erde verborgen sind. Wenn sie sich schon irdischen Vorstellungen widersetzen, umso wie viel neidischer werden sie dann sein, wenn es um das Himmelreich geht?

45. Deshalb müssen wir uns gegen sie in jeder Hinsicht bewaffnen. Denn sie greifen uns von außen an und bedrängen uns auch im Inneren. Die Seele ist gleichsam wie ein Schiff; bald wird sie von den Wellen von außen überschwemmt, bald von den Wassern im Kielraum in Bedrängnis gebracht. Ganz sicher werden wir das eine Mal durch äußere Sündentaten zugrunde gerichtet, dann wieder durch die Gedanken im Inneren vernichtet. Deshalb müssen wir unbedingt auf der Hut sein gegen die Angriffe der Geister von außen, aber in gleicher Weise die Unreinheit aus den inneren Gedanken ausschöpfen und immer gilt es wachsam zu sein über die Gedanken, denn sie bedrängen uns ständig. Was die äußeren Wellen angeht, so schreien die Matrosen laut, und häufig kommt die Rettung dann von den nächsten Schiffen. Die Wasser im Kielraum jedoch dringen häufig ein, wenn die Matrosen schlafen und die See ruhig ist, und oft bringen sie ihnen den Tod.

46. Deshalb ist es notwendig, streng und mit großer Sorgfalt über unsere Gedanken zu wachen. Denn der Feind möchte die Seele zerstören wie ein Haus, er schafft seinen Einsturz entweder vom Fundament her oder er fängt beim Dach an und legt es ganz nieder oder er kommt durch die Fenster, fesselt zuerst den Hausherrn und unterwirft sich dann alles. Das Fundament sind die guten Werke; das Dach ist der Glaube; die Fenster sind die Sinne. Durch all diese greift der Feind an. Wer immer gerettet werden will, muss deshalb vieläugig sein. Wir können hier und nimmer ohne Sorge sein. Die Schrift sagt doch: „Wer zu stehen glaubt, sehe zu, dass er nicht falle" (1 Kor 10,12).

47. Wir segeln im Dunkeln. Unser Leben ist ein Meer, wie der hl. Sänger David gesagt hat. Doch im Meer gibt es klippenreiche Stellen, andere voller Seeungeheuer, und dann auch ruhige Plätze. Wir scheinen im ruhigen Teil des Meeres zu segeln, die Weltleute jedoch in den gefährlichen Teilen. Wir segeln am hellen Tag, geleitet von der „Sonne der Gerechtigkeit" (Mal 3,20), jene aber in dunkler Nacht, von der Unkenntnis getrieben. Doch es kommt oft vor, dass der Weltmensch mitten im Sturm und Dunkel hinausschreit und ganz wachsam ist und so sein Schiff rettet. Wir jedoch, obwohl wir im ruhigen Meer segeln, versinken durch Sorglosigkeit in der Tiefe, weil wir das Ruder der Gerechtigkeit aus der Hand geben.

48. „Wer zu stehen glaubt, sehe zu, dass er nicht falle" (1 Kor 10,12). Wer fällt, hat doch nur die eine Sorge, wieder aufzustehen. Wer steht, soll aufpassen, nicht zu fallen. Das Fallen jedoch ist von verschiedener Art. Die gefallen sind, können nicht mehr aufrecht stehen. Doch wenn sie am Boden liegen, erleiden sie keinen Schaden mehr. Andererseits darf der, der steht, den nicht verachten, der gefallen ist; vielmehr soll er für sich selbst in Sorge sein, dass er nicht falle und zugrunde gehe und in eine noch tiefere Grube stürze. Es könnte dann sein, dass sein Schreien von der Tiefe der Grube aufgesogen wird und er niemanden um Hilfe rufen kann. Der Gerechte sagt ja: „Dass die Tiefe mich nicht verschlinge und der Brunnen nicht über mir seinen Mund verschließt" (Ps 69/68,15). Wer zuerst gefallen ist, bleibt liegen. Achte auf dich, damit du nicht fällst und zum Fraß der wilden Tiere wirst. Wer fällt, hat die Türe nicht verriegelt. Du aber, sei ja nicht schläfrig, singe vielmehr ständig das göttliche Wort: „Mache hell meine Augen, dass ich nicht im Tode entschlafe" (Ps 13/12,4). Sei andauernd wachsam wegen des „brüllenden Löwen" (1 Petr 5,8).

49. Diese Worte sind hilfreich, damit man sich nicht überhebt. Wer gefallen ist, wird durch Umkehr und Tränen gerettet werden. Du aber, die du stehst, gib acht auf dich. Doppelte Furcht muss dich erfüllen: Nicht zurückzufallen in die alten Sünden, weil der Feind dich in deiner Nachlässigkeit angreift; zum anderen, dass dir im Laufen kein Bein gestellt wird. Denn unser Feind, der Teufel, zieht uns zu sich, entweder von hinten, wenn er die Seele nachlässig und säumig sieht oder er greift schlau und heimlich durch den Stolz an, wenn die Seele sich für eifrig und strebsam in der Askese hält und richtet sie so gänzlich zu Grunde. Diese Waffe ist

die letzte und schlimmste aller Übel. Durch sie wurde der Teufel selbst überwunden und mit ihr versucht er auch die stärksten Menschen zunichte zu machen. Genau wie die tapfersten Kämpfer am Anfang die leichtesten Waffen einzusetzen pflegen; dann, wenn der Feind heftiger angreift, ziehen sie die stärkste Waffe, das Schwert, so macht es auch der Teufel. Wenn er seine ersten Fallen aufgebraucht hat, dann greift er zum letzten Schwert, dem Stolz.

Doch was waren die ersten Fallen? Ganz offensichtlich: Essgier, Vergnügungssucht, Unzucht. Diese Geister begleiten vor allem die jungen Jahre. Und dann folgen die Habsucht, die Selbstsucht und dergleichen. Wenn aber die geplagte Seele diese Leidenschaften beherrscht, wenn der Bauch bezähmt, wenn die geschlechtliche Lust durch Reinheit überwunden ist, wenn sie das Geld verachtet, dann sieht sich der Boshafte von allen Seiten bedrängt und stachelt die Seele zu ungeordneter Bewegung an. Er bläht die Seele auf, und ganz ungehörig erhebt sie sich über ihre Schwestern. Schlimm und tödlich ist dieses Gift des Feindes. Viele hat er auf diese Weise verblendet und zu Fall gebracht. Er flüstert der Seele einen Gedanken ein, der falsch und tödlich ist. Er lässt sie glauben, sie habe verstanden, was vielen unbekannt ist, und sei auch hervorragend im Fasten. Und er baut vor ihr eine Menge männlicher Taten auf. Er verführt sie, all ihre Sünden zu vergessen, so dass sie sich für besser hält als die, die mit ihr leben. Er stiehlt aus ihrem Geist die Erinnerung an ihre Fehler. Das stellt er nicht zu ihrem eigenen Nutzen an, sondern damit sie unfähig wird, die heilsamen Worte zu sprechen: „Gegen dich allein habe ich gesündigt; erbarme dich meiner, Herr" (Ps 51/50,6). Und er will die Seele auch nicht sprechen lassen: „Ich will vor dir bekennen, Herr, in meinem ganzen Herzen" (Ps 101/100,1).

Doch wie der Teufel selbst in seinem Geist gesagt hat: „Ich will hinaufsteigen und meinen Thron errichten" (vgl. Jes 14,14), so will er die Seele mit Gedanken an Führungspositionen und höchsten Ämtern, selbst von Lehraufgaben und der Gabe der Krankenheilung träumen lassen. Auf diese Weise verführt, wird die Seele verdorben und zugrunde gerichtet; sie ist geschlagen mit einer Wunde, die kaum heilbar ist.

50. Was soll man denn tun, wenn sich solche Gedanken einstellen? Unaufhörlich über das göttliche Wort nachdenken, das der hl. David hinausgeschrien hat. „Ich bin ein Wurm und kein Mensch" (Ps 22/21,7); an

anderer Stelle heißt es: „Ich bin Erde und Asche" (Gen 18,27). Und vernimm dazu noch das Wort des Jesaja: „All unsere Gerechtigkeit ist wie ein verschmutzter Lumpen" (Jes 64,5). Wenn solche Gedanken eine Frau befallen, die als Eremitin lebt, dann muss sie in ein Koinobion gehen. Sie muss dort gezwungen werden, selbst zweimal am Tag zu essen, wenn sie diesem Leiden durch ein Übermaß an Askese verfallen ist. Sie muss von ihren Altersgenossinnen bestraft und zurechtgewiesen werden, sie soll streng getadelt werden als eine, die ganz und gar nichts Bedeutendes getan hat. Sie soll jeden Dienst verrichten. Man soll ihr die hervorragenden Lebensgeschichten der Heiligen vorstellen und erklären. Ihre Gefährtinnen sollen ein paar Tage lang ihre asketische Praxis steigern, dass sie sich beim Anblick ihrer großen Tugend für geringer hält.

51. Dieser Krankheit des Stolzes geht eine andere voran: der Ungehorsam. Durch das Gegenteil, den Gehorsam, ist es jedoch möglich, die Seele vom eiternden Krebsgeschwür zu heilen; die Schrift sagt ja: „Gehorsam ist besser als Opfer" (1 Sam 15,22).

52. Deshalb ist es notwendig, den aufkeimenden Stolz zur rechten Zeit zu unterdrücken, zur rechten Zeit auch zu loben und zu bewundern. Denn wenn die Seele nachlässig und säumig gefunden wird und auf dem Weg zum Guten erstarrt, dann ist es angebracht, sie zu loben. Und wenn sie auch nur ein klein wenig Nützliches tut, dann sollte man sie bewundern und ihr schmeicheln. Von ihren ernsten und unmenschlichen Fehlern soll man wie von ganz kleinen und völlig unbedeutenden Dingen reden. Der Teufel nämlich, der alles durcheinander bringen will, versucht die früheren Sünden der eifrigsten und ganz asketischen Personen zu verbergen, weil er den Stolz steigern will. Vor den Augen der eben bekehrten und noch unsicheren Seele aber baut er alle ihre Sünden auf. Und er flüstert ihr zu: Du hast Unzucht getrieben, welche Vergebung kannst du erwarten? Und zu einer anderen sagt er: Du warst so habgierig, du kannst keineswegs Erlösung finden. Deshalb muss man solchen beunruhigten Seelen sanft zureden. Man soll so zu ihnen sagen: Rahab war eine Dirne, aber sie wurde gerettet durch den Glauben (vgl. Hebr 11,31); Paulus war ein Verfolger, aber er wurde zu einem Gefäß der Auserwählung (vgl. Apg 9,15); Matthäus war ein Zöllner; aber es gibt keinen, der die ihm geschenkte Gnade nicht kennt (vgl. Mt 9,9); und der Räuber, der gestohlen und gemordet hat, war der erste, dem das Tor zum Paradies aufgetan wurde (vgl. Lk 23,43).

Stelle dir diese Leute vor Augen, dann wirst du im Blick auf deine eigene Seele nicht verzweifeln.

53. Wenn du diese Heilmittel für angemessen hältst, dann musst du die gleiche Heilung auch für diejenigen wählen, die vom Stolz gefangen sind. Zu der Stolzen musst du sagen: Warum blähst du dich auf? Weil du kein Fleisch gegessen hast? Andere sehen nicht einmal Fisch! Und wenn du keinen Wein trinkst? Andere gebrauchen nicht einmal Öl. Du fastest bis zum Abend? Andere halten es zwei oder drei Tage ohne Nahrung aus. Hältst du dich für groß, weil du kein Bad nimmst? Das tun viele nicht, selbst nicht in leiblicher Krankheit. Bewunderst du dich selbst, weil du auf einer Matte schläfst und mit einer Decke aus Ziegenhaar? Andere schlafen ständig auf dem Boden. Und wenn du auch das getan hättest, etwas Großes ist es nicht. Einige schlafen auf Steinen, um ja kein körperliches Vergnügen zu empfinden. Andere hängen sich für die ganze Nacht auf. Und wenn du auch das getan hättest und wenn du die allerstrengste asketische Praxis vollbracht hättest, dann solltest du darüber nicht groß denken. Denn Dämonen haben mehr getan und tun mehr als du. Sie essen nicht, noch trinken sie, noch heiraten sie, noch schlafen sie. Sie leben auch in der Wüste, und wenn du in einer Höhle haust, hältst du das für eine Heldentat.

54. Auf diese Weise also und mit solchen Argumenten ist es möglich, die beiden gegensätzlichen Leidenschaften zu heilen: Ich meine Verzweiflung und Stolz. Denn wie ein Feuer, das kräftig angeblasen wird, sich zerteilt, ausgeht und abstirbt, wenn dort kein Wind weht, genau so verflüchtigt sich die Tugend durch den Stolz, auch wenn sie in großer Strenge geübt wird. Und auch das Gute wird zerstört durch die Sorglosigkeit, wenn wir uns nicht immer unmittelbar vom Hauch des Hl. Geistes anregen lassen. Ein scharfes Schwert wird leicht vom Stein zerbrochen, und um asketische Praxis ist es schnell geschehen, wenn sie vom Stolz bestimmt ist. Deshalb ist es nötig, seine Seele nach allen Seiten hin fest zu machen und die strengste Askese in schattige Plätze zurückzuführen, wenn sie von dem Feuer des Zornes angesengt ist. Und es gehört sich auch, manchmal das Überflüssige aufzugeben, so dass die Wurzeln besser zum Blühen kommen.

55. Wer von der Verzweiflung gefangen wird, der soll gezwungen werden, sich an den vorher gesagten Worten aufzurichten. Denn in diesem Fall klebt die Seele heftig am Boden. Die tüchtigsten Bauern begießen,

wenn sie eine kleine und schwache Pflanze sehen, sie reichlich und halten sie der größten Sorge für wert, damit sie heranwachse. Aber wenn sie an der Pflanze einen vorzeitigen Schössling sehen, dann schneiden sie das Überschüssige ab, denn dieses vertrocknet ja gewöhnlich schnell. Und Ärzte geben manchen schwachen Kranken großzügig zu essen und fordern sie zum Gehen auf. Andere dagegen schließen sie ein und lassen sie lange ohne Nahrung.

56. Daher ist es klar, dass der Stolz das größte Übel ist. Das beweist auch sein Gegenteil, die Demut. Es ist schwierig, die Demut zu erlangen. Denn wenn einer nicht weit entfernt ist von aller Ruhmsucht, wird er nicht in der Lage sein, diesen Schatz zu erwerben. Die Demut ist so hohe Vollkommenheit, dass der Teufel alle anderen Tugenden nachzuahmen scheint, diese eine aber ganz und gar nicht begreifen kann. Weil der Apostel ihre Sicherheit und Beständigkeit kannte, mahnt er, uns mit dieser zu bekleiden und von ihr eingehüllt zu sein, wenn wir all unsere guten Werke tun. Gleich ob du fastest, Almosen gibst oder lehrst, und wenn du auch ganz beherrscht und klug sein solltest, lege die Demut wieder um dich wie einen undurchdringlichen Wall. Die Demut, die schönste aller Tugenden, soll deine Tugenden zusammenbinden und in sich tragen. Achte auf den Gesang der drei hl. Knaben (Dan 3,82): all die anderen Tugenden haben sie nicht genannt, nur die Demütigen haben sie eingeschlossen in die Zahl der Sänger, ohne die Weisen oder die Armen zu erwähnen. Genau wie es unmöglich ist, ein Schiff ohne Nägel zu bauen, so ist es unmöglich, ohne die Demut gerettet zu werden.

57. Weil die Demut gut und heilsam ist, hat der Herr selbst sich in sie gekleidet, als er sein Heilswerk für die Menschen erfüllte. Er sagt ja: „Lernt von mir, denn ich bin sanft und demütig von Herzen" (Mt 11,29). Achte auf den, der so spricht, von ihm muss man vollkommen lernen. Lass die Demut für dich Anfang und Ende von allem Guten sein. Er spricht von demütiger Gesinnung, nicht allein von der äußeren Erscheinung, sondern vom inneren Menschen; ihm folgt ja der äußere Mensch. Hast du alle Gebote erfüllt? Der Herr weiß es, aber er selbst befiehlt dir, wiederum den Anfang der Knechtschaft aufzunehmen. Denn er sagt: „Wenn ihr all das getan habt, dann sollt ihr sagen: Wir sind nur unnütze Knechte" (Lk 17,10).

58. Zur Demut kommt man durch Vorwürfe, durch Beleidigungen, durch Schläge. Auch du hörst, dass man dich verrückt und dumm nennt,

arm und einen Bettler, schwach und unbedeutend, erfolglos in deinen Unternehmungen, unvernünftig im Reden, von verächtlichem Äußeren, kümmerlich an Kraft. Das sind die Nerven der Demut. Das hat unser Herr gehört und erlitten. Sie nannten ihn ja einen „Samariter" und „Besessenen". Er nahm die „Gestalt eines Knechtes an" (Phil 2,6). Er wurde geschlagen, durch Schläge gedemütigt.

59. Wir müssen deshalb diese gelebte Demut nachahmen. Es gibt Leute, die durch die äußere Erscheinung Demut vorgeben und sich äußerlich verdemütigen, während sie gerade dadurch Ruhm suchen. Doch sie werden an ihren Früchten erkannt (vgl. Mt 7,16). Denn wenn sie nur gering geschmäht werden, können sie das nicht ertragen, sondern sofort speien sie ihr Gift wie Schlangen.

60. Die dort versammelten Frauen waren hocherfreut über diese Reden. Aber sie hielten weiter aus, denn sie hatten noch nicht die Fülle des Guten empfangen. Da sprach die Selige von neuem zu ihnen:

„Für diejenigen, die aufbrechen zu Gott, stehen am Anfang schwerer Kampf und Mühe, aber dann unbeschreibliche Freude. Denn so wie jene, die ein Feuer anzünden wollen, zuerst von Rauch belästigt werden und Tränen vergießen, so erreichen auch sie auf diese Art ihr Ziel. Die Schrift sagt ja: ‚Unser Gott ist ein verzehrendes Feuer' (Dtn 4,24; 9,3; Hebr 12,29). So müssen auch wir das göttliche Feuer in uns mit Tränen und Leiden anzünden. Der Herr sagt doch selbst: ‚Ich bin gekommen, Feuer auf die Erde zu werfen' (Lk 12,49). Einige haben in ihrer Nachlässigkeit zwar den Rauch ausgehalten, haben jedoch das Feuer nicht angezündet, weil ihnen die Großmut fehlte, und vor allem, weil ihre Anhänglichkeit an Gott schwach und unentschieden war."

61. Nun ist die Liebe ein großer Schatz; der Apostel sagt von ihr: „Wenn du all deinen Besitz verteilst und den Leib züchtigst, aber die Liebe nicht hast, dann bist du ein dröhnender Gong und eine lärmende Zimbel" (vgl. 1 Kor 13,3.1). Deshalb ist die Liebe groß unter den Tugenden, wie unter den Lastern der Zorn schrecklich ist. Denn er verfinstert und verwildert die Seele und raubt ihr den Verstand. Doch der Herr, der immer um unsere Erlösung besorgt ist, ließ es nicht zu, dass auch nur ein bisschen unserer Seele ohne Schutz bleibe. Regt der Feind die Lust an? Dann fördert der Herr unsere Selbstbeherrschung. Lässt er in uns den Stolz hochkommen? Dann ist die Demut nicht weit weg. Hat er den Hass erweckt? Aber die

Liebe ist in unserer Mitte. Welchen Pfeil auch immer der Feind auf uns schießt, der Herr beschützt uns mit seinen stärkeren Waffen, und zwar zu unserem Heil und zur Niederlage des Feindes.

62. Der Zorn ist das Übel unter den Übeln; denn die Schrift sagt: „Der Zorn eines Mannes bewirkt nicht die Gerechtigkeit Gottes" (Jak 1,20). Deshalb ist es notwendig, ihn zu beherrschen, denn in bestimmtem Augenblick kann er nützlich sein. Zornig und aufgebracht gegen die Dämonen zu sein, gehört sich durchaus. Gegen einen Menschen heftig aufgebracht zu sein, gehört sich jedoch nicht, auch wenn er gesündigt hat. Man soll ihn vielmehr zur Besserung führen, wenn der Zorn sich gelegt hat.

63. Erzürnt zu sein, ist indessen ein geringeres Übel. Aber die Erinnerung an erlittenes Böses ist schlimmer als alles andere. Denn der Zorn verschwindet wie der Rauch, wenn er die Seele für eine Weile aufgewühlt hat. Jene böse Erinnerung jedoch setzt sich in der Seele fest und lässt sie schrecklicher werden als ein wildes Tier. Wenn ein Hund gegen jemanden rasend geworden und mit Futter beruhigt worden ist, gibt er seine Wut auf. Andere wilde Tiere können durch Angewöhnung gezähmt werden. Wer jedoch von jener bösen Erinnerung beherrscht ist, kann durch kein gutes Zureden überzeugt, noch durch Speise besänftigt werden. Auch die Zeit, die sonst alles verwandelt, kann dieses Leiden nicht heilen. Das sind deshalb die gottlosesten und bösesten Menschen. Denn sie hören nicht auf den Erlöser, der sagt: „Zuerst gehe hin und versöhne dich mit deinem Bruder, dann bringe deine Gabe" (Mt 5,24). Und an anderer Stelle sagt die Schrift: „Lass die Sonne nicht untergehen über deinem Zorn" (Eph 4,26).

64. Deshalb ist es gut, nicht zornig zu sein. Wenn es nun aber doch geschieht, dann erlaubt der Apostel auch nicht für die Spanne eines Tages diese Erregung; denn er sagt: „Lass die Sonne nicht untergehen" (Eph 4,26). Du aber wartest, bist deine ganze Lebenszeit untergeht. Weißt du nicht, dass gesagt ist: „Es genügt dem Tag sein eigenes Übel" (Mt 6,34). Warum hassest du den Menschen, der dir Böses getan hat? Aber er war es gar nicht, der dir Unrecht getan hat; es war der Teufel. Hasse deshalb die Krankheit, nicht den Kranken! „Warum rühmst du dich im Bösen, du Gewalttätiger?" (Ps 52/51,3). Für dich hat der Psalmist ausgerufen: „Dein Sinnen geht den ganzen Tag auf Böses" (Ps 52/51,4). Das heißt, dein ganzes Leben lang bist du dem Gesetzgeber ungehorsam, der sagt: „Lass die Sonne nicht untergehen über deinem Zorn" (Eph 4,26). Und wiederum:

„Deine Zunge hat Unrecht im Sinn" (Ps 52/51,5). Denn du hörst nicht auf, über deinen Bruder schlecht zu reden. Deshalb wird dir auch die gerechte Strafe von dem Psalmisten unter Eingebung des Hl. Geistes angekündigt: „Gott wird dich am Ende vernichten, wird dich aus deinem Zelt verstoßen und deine Wurzel aus dem Land der Lebendigen reißen" (Ps 52 (51),7). Das sind die Geschenke für den, der Böses nachträgt; das ist der Preis für dieses Laster.

65. Deshalb muss man auf der Hut sein vor dieser bösen Erinnerung, denn viele schlimme Dinge folgen ihr: Neid, Kummer, üble Nachrede. Tödlich sind die Übel, auch wenn sie klein zu sein scheinen. Sie sind nämlich die feinen Pfeile des Feindes. Häufig wurden die Wunden von einem zweischneidigen Messer und von einem größeren Schwert – das sind Unzucht, Habgier und Mord – durch die rettende Arznei der Buße geheilt. Der Stolz dagegen, die Rachsucht und die üble Nachrede scheinen kleine Pfeile zu sein, aber sie bewirken ganz unbemerkt den Untergang, sobald sie einmal in die höheren Teile der Seele eingedrungen sind. Sie töten jedoch nicht durch die Wucht des Schlages, sondern durch die Sorglosigkeit der Verwundeten. Weil sie die üble Nachrede und die anderen Laster für gering halten, werden sie nach und nach von ihnen zugrunde gerichtet.

66. Schlimm und verderblich ist die üble Nachrede und doch ist sie für manche Leute Nahrung und Erholung. Du solltest jedoch auf leeres Geschwätz nicht hören und nicht zum Aufnahmegefäß für die Fehler anderer werden. Halte deine Seele frei von allem Unrat. Meine Schwester, wenn du übel riechendes, schmutziges Gerede aufnimmst, dann mischst du mit deinen bösen Gedanken Schmutz in dein Gebet und grundlos wirst du die hassen, die mit dir leben. Wenn du deine Ohren voll stopfst mit der unmenschlichen üblen Nachrede, dann wirst du auf alle mit Verachtung herabschauen. Genau wie das Auge nur noch ein unklares Bild von den Gegenständen gewinnt, wenn es übermäßig von Farbe beherrscht ist.

67. Deshalb müssen wir die Zunge und das Ohr bewachen, um nichts von dieser Art zu sagen, noch es mit Leidenschaft zu hören. Es steht ja geschrieben: „Du sollst kein leeres Gerücht annehmen" (Ex 23,1). Und wieder: „Wer heimlich seinen Nachbarn verleumdet, den will ich vernichten" (Ps 101/100,5). Beim Psalmisten heißt es auch: „Dass mein Mund nicht rede von den Werken der Menschen" (Ps 17/16,4). Doch wir reden auch von dem, was gar kein Werk ist. Deshalb dürfen wir dem Gesagten

keinen Glauben schenken, noch jene verurteilen, die es sagen. Vielmehr müssen wir handeln und mit der Hl. Schrift sprechen: „Ich aber, wie ein Tauber, höre nicht; wie ein Stummer öffne ich meinen Mund nicht" (Ps 38/ 37,14).

68. Man darf sich über das Unglück eines Menschen nicht freuen, auch wenn er ein großer Sünder ist. Wenn gewisse Leute jemanden sehen, der geschlagen oder ins Gefängnis geworfen wurde, sprechen sie unbedacht jenes weltliche Sprichwort nach: „Wer sein Bett schlecht hergerichtet hat, wird auch unbequem bei Tisch sitzen." Du also, meine Schwester, wenn du deine Angelegenheiten gut geordnet hast, vertraust du dann auf ein ruhiges Leben? Doch was sollen wir mit dem tun, der sagt: „Es gibt nur ein Ende für den Gerechten und den Sünder?" (Koh 9,2). Unsere menschliche Verfassung ist doch die gleiche, auch wenn die Lebensart verschieden ist.

69. Man darf seine Feinde nicht hassen. Denn der Herr befiehlt uns das mit seinen eigenen Worten: „Wenn ihr nur die liebt, die euch lieben, so tun das auch die Sünder und die Zöllner" (Mt 5,46). Das Gute bedarf ja zu seiner Erreichung nicht der Kunst oder des Kampfes; es zieht jene von selbst an, die es lieben. Um aber das Böse auszumerzen, bedarf es göttlicher Belehrung und großer Anstrengung. Denn das Himmelreich gehört nicht den Nachlässigen und Sorglosen, sondern den Gewalttätigen (vgl. Mt 11,12).

70. So wie wir unsere Feinde nicht hassen dürfen, so dürfen wir die Nachlässigen und Gleichgültigen weder meiden noch verspotten. Denn manche beziehen ja das Schriftwort auf diese: „Mit dem Heiligen wirst du heilig sein und mit dem Verkehrten wirst auch du verkehrt" (Ps 18/ 17,26–27). Die Schrift sagt damit, wir fliehen die Sünder, um nicht mit ihnen verdorben zu werden. In der Unkenntnis ihrer Seele tun diese Leute das Gegenteil. Denn der Hl. Geist befiehlt nicht, uns mit den Verdorbenen verderben zu lassen, sondern dass jene sich von ihrer Verkehrtheit abwenden. Denn das „du wirst mit ihm verkehrt" meint, ihn herziehen zu sich selbst, von der linken zur rechten Seite.

71. Es gibt drei besondere Vorstellungen über das Menschenleben. Die erste ist bestimmt von äußerster Bosheit, die zweite ist von mittlerer Beschaffenheit, denn sie schaut sozusagen auf die beiden anderen und hat an beiden Anteil. Die dritte führt in die tiefste Beschauung, achtet jedoch

nicht nur auf sich selbst, sondern bemüht sich auch, die hinter ihr Gehenden an die Hand zu nehmen. Wenn böse Menschen sich mit noch schlimmeren vermischen, dann bewirken sie ein mächtiges Anwachsen der Bosheit. Die Leute, die in der Mitte stehen, versuchen vor den Zuchtlosen zu fliehen, weil sie durchaus fürchten, von ihnen wieder hinabgezogen zu werden, denn sie sind ja noch Kinder, was die Tugend angeht. Die dritte Art besitzt einen männlichen Geist und einen starken Willen, sie lebt mit den Schlechten, wohnt mit ihnen zusammen und will sie retten. Von Außenstehenden werden sie getadelt und von denen verspottet, die sie mit den Nachlässigeren zusammenleben sehen; ja es wird ihnen unterstellt, dass sie jenen gleich seien. Sie jedoch nehmen diese Vorwürfe als Lob an und führen das Werk Gottes furchtlos fort. Die Schrift sagt ja: „Freut euch und jubelt, wenn die Menschen alles Böse über euch sagen" (vgl. Mt 5,11–12). Deshalb ist ihr Tun wie das des Herrn, denn der Herr hat mit den Zöllnern und Sündern gegessen (vgl. Mt 9,11). Ihre Haltung ist mehr bestimmt von geschwisterlicher Liebe als von Selbstliebe. Sie sehen die Sünder wie Häuser in Flammen. Sie achten nicht auf ihre eigenen Angelegenheiten, sondern richten ihre ganze Sorge darauf, das zu retten, was den anderen gehört und vernichtet wird. Und obwohl von dem Feuerangriff versengt, halten sie dennoch aus. Die in der Mitte stehen, fliehen, wenn sie ihren Bruder von der Sünde angebrannt sehen. Denn sie fürchten, das Feuer möchte auch sie erfassen. Und die Leute der ersten Art, sie gleichen schlechten Nachbarn. Sie setzen diejenigen, die schon brennen, noch mehr in Brand, indem sie zu ihrer Vernichtung die eigene Bosheit als Zündstoff dazugeben; gerade so, wie wenn sie ein brennendes, mit Pech beschmiertes Schiff statt mit Wasser mit Zedernöl besprengten. Ganz im Gegenteil dazu stellen die guten Leute ihren eigenen Besitz zurück, im Hinblick auf die Rettung der anderen. Das sind die Beweise wahrer Liebe, die Wächter der reinen Liebe.

72. Gerade wie die Laster miteinander zusammenhängen – der Habgier folgt der Neid, die List dem Meineid, Zorn der Rachsucht – so hängen die gegenteiligen Haltungen, die Tugenden, von der Liebe ab; ich meine die Güte, die Großmut, die Geduld und als höchstes Gut, die freiwillige Armut. Es ist nicht möglich, dass jemand diese Tugend erlangt – ich spreche von der Liebe – ohne die freiwillige Armut. Denn der Herr hat die Liebe nicht nur einem Menschen aufgetragen, sondern allen. Wer also Be-

sitz hat, darf die nicht übersehen, die in Not sind. Doch das Werk der Liebe bleibt verborgen. Denn allen zu Hilfe zu kommen, ist dem Menschen unmöglich; das ist allein die Sache Gottes.

73. Warum nun, so sagt man, sorgst du dich um das Almosengeben, wo du doch nichts besitzest? Und warum wird das zum Vorwand, etwas zu erwerben? Den Weltleuten ist dieses Gebot gegeben. Almosengeben ist ja nicht so sehr geboten, um den Bedürftigen zu nähren, sondern um der Liebe willen. Denn Gott, der die Angelegenheiten des Reichen ordnet, nährt auch den Armen. Ist das Almosengeben dann ein überflüssiges Gebot? Natürlich nicht! Ganz im Gegenteil; es ist der Anfang der Liebe für die, die sie nicht kennen. Wie die Beschneidung der Vorhaut ein Symbol für die Beschneidung des Herzens war, genauso ist das Almosen ein Lehrer der Liebe. Für diejenigen jedoch, denen die Liebe aus Gnade geschenkt wurde, ist Almosengeben überflüssig.

74. Ich sage dieses nicht, um die Barmherzigkeit schlecht zu machen, sondern um die Reinheit der freiwilligen Armut aufzuzeigen. Deshalb soll die geringere Tugend nicht die größere verhindern. Die geringere hast du sehr schnell verwirklicht, denn du hast alles auf einmal ausgeteilt. Schau dann auf die größere Tugend, die Liebe. Denn du bist doch ein Kreuzträger! Du musst mit freier Stimme sprechen: „Siehe, wir haben alles verlassen und sind dir nachgefolgt" (Mt 19,27). Du bist gewürdigt worden, das vertrauensvolle Wort der Apostel nachzusprechen. Denn Petrus und Johannes sagen doch: „Gold und Silber habe ich nicht" (Apg 3,6). Doppelt ist wohl die Zunge, aber der Glaube ist einzig.

75. Auch unter den Weltleuten soll das Almosen nicht unbedacht gegeben werden. Es ist doch gesagt: „Das Öl des Sünders soll nicht mein Haupt salben" (Ps 141/140,5). Es gehört sich, dass der Almosenspender sich an Abraham und seine Art hält und wie er gerecht Gerechtigkeit übt. Denn der gerechte Mann war gastfreundlich und mit dem Haus öffnete er auch sein Herz. Die Schrift sagt ja: „Er stand vor ihnen und bediente sie und ließ nicht zu, dass seine Sklaven Anteil an seinem Lohn erhielten" (vgl. Gen 18,8). Solche werden wahrhaft den Lohn für ihr Almosen erhalten, auch wenn sie nur zur zweiten Ordnung gehören. Der Herr, der die Welt erschaffen hat, hat ihre Bewohner in zwei Ränge geteilt. Denjenigen, die ein ehrbares Leben führen, hat er die Ehe vorgeschrieben, um Kinder zu zeugen. Den anderen hat er um der Reinheit des Lebens willen die

Keuschheit vorgeschrieben, und sie den Engeln gleichgemacht. Den ersten hat er Gesetze verkündet, Strafen und Unterweisungen. Zu den letzteren hat er gesagt: „Die Rache ist mein, ich will vergelten" (Röm 12,9; Dtn 32,35). Dort sagt er: „Du sollst den Erdboden bearbeiten" (Gen 3,23), und hier mahnt er: „Sorget euch nicht um den morgigen Tag" (Mt 6,34). Jenen gab er das Gesetz, uns aber gab er die Gnade, seine Gebote klar zu erkennen.

76. Das Kreuz ist unser Siegeszeichen. Denn unsere Berufung ist nichts anderes als die Absage an das Leben und die Einübung in den Tod. Wie die Toten nicht mehr mit ihrem Leib wirken, so auch wir. Alles, was mit dem Leib gewirkt wird, haben wir als Kinder getan. Denn der Apostel sagt: „Mir ist die Welt gekreuzigt und ich der Welt" (Gal 6,14). Wir leben im Geist und im Geist erweisen wir die Tugend. Im Geist sind wir barmherzig: Selig sind die in ihrer Seele Barmherzigen (vgl. Mt 5,7). Dort sagt auch die Schrift: Wer eine schöne Frau begehre, auch ohne die Tat zu begehen, hat die Sünde ohne Zeugen begangen (vgl. Mt 5,27). Genauso wird hier von Almosen gesprochen: Wenn wir im Geist die gute Tat vollbringen, aber Geld gar nicht vorhanden ist, werden wir größere Ehre erlangen.

77. Die Herren dieser Welt lassen sich von ihren Sklaven verschiedene Dienstleistungen erbringen. Die einen schicken sie auf ihre Ländereien, damit sie die Felder bebauen, und auch um die Erhaltung ihrer Art zu sichern. Wenn sie feststellen, dass deren Kinder tüchtig und sehr schön sind, dann nehmen sie diese in ihre Häuser auf zu ihren eigenen Diensten. So ist es auch beim Herrn. Er hat die, die in ehrbarer Ehe leben, auf den Acker dieser Welt gesetzt. Aber ihre Kinder, die besser sind als sie, besonders jene, die eine glückliche Veranlagung zeigen, hat er zu seinem eigenen Dienst bestellt. Sie sind fern von allen irdischen Angelegenheiten, denn sie sind für die Tafel des Herrn würdig befunden. Um ihre Kleidung sind sie nicht besorgt, denn sie haben Christus angezogen (vgl. Mt 6,25; Gal 3,27).

78. Christus ist deshalb der Herr über beide Ordnungen. Denn wie aus dem einen Korn Schale und Same kommen, so kommen auch von Gott die, die in der Welt ehrbar leben und die, die das einsame Leben erwählt haben. Und sicher sind beide notwendig: Die Blätter sind notwendig für den Unterhalt und Schutz des Samens, ebenso das Hervorbringen von Frucht, denn der Anfang von allem steckt in ihr. Genauso wie es unmöglich ist, Pflanze und Samen in einem zu sein, so ist es auch unmöglich, himmlische Frucht zu bringen, wenn uns irdischer Ruhm umgibt. Wenn

die Blätter abfallen und die Halme trocken werden, dann ist die Ähre reif für die Ernte. So ist es auch in unserem Fall, Schwestern, wenn wir die irdische Eitelkeit wie Blätter abwerfen, den Leib ausgetrocknet haben wie den Halm und unsere Gedanken erhoben haben, dann sind wir fähig, den Samen der Erlösung hervorzubringen.

79. Es ist gefährlich, lehren zu wollen, wenn man nicht durch das asketische Leben geformt ist. Das ist, wie wenn einer ein baufälliges Haus hat und Gäste aufnimmt und sie durch den Einsturz des Hauses schädigt. So richten auch diejenigen, die sich zuerst nicht selbst auferbaut haben, jene zugrunde, die sich ihnen anschließen. Mit den Worten rufen sie zwar zum Heil, durch ihren schlechten Lebenswandel fügen sie aber denen, die ihnen folgen, Schaden zu. Denn der bloße Vortrag von Worten gleicht Bildern, gemalt mit leicht vergänglichen Farben, die von Windstößen oder Regengüssen in kurzer Zeit zerstört werden. Unterweisung jedoch, die auf asketischer Erfahrung beruht, kann nicht einmal in alle Ewigkeit zerstört werden. Denn das Wort, das die Kanten der Seele wegmeißelt, prägt den Gläubigen das ewige Bild Christi ein.

80. Aus diesem Grund dürfen wir die Sorge um unsere Seele nicht oberflächlich betreiben, müssen sie vielmehr durch und durch in Ordnung bringen, und besonders ihre Abgründe nicht außer Acht lassen. Wir haben die Haare abgeschnitten. Lasst uns auch die Würmer vom Kopf entfernen. Wenn sie noch allein dableiben, werden sie noch größeren Kummer bereiten. Unser Haar war das Weltliche im Leben: Ehre, Ruhm, Besitzerwerb, aufwendige Kleider, Gebrauch von Bädern, Lust am Essen. Dies haben wir uns entschlossen aufzugeben. Aber mehr noch müssen wir die Seelen verschlingenden Würmer wegschneiden; dazu gehören: Üble Nachrede, Meineid und Habsucht. Nun ist unser Haupt die Seele. Solange die Bestien sich im Dickicht weltlicher Angelegenheiten verbargen, scheinen sie unbemerkt geblieben zu sein. Doch jetzt sind sie entdeckt und für alle sichtbar. Deshalb sind bei der Jungfrau und dem Mönch auch die kleinsten Sünden sichtbar, genau wie in einer sauberen Wohnung jedes Ungeziefer für alle sichtbar ist, selbst das kleinste. Unter den Weltleuten jedoch bleibt, wie in schmutzigen Höhlen, auch das größte der giftigen Tiere versteckt, unbemerkt verborgen von dem umgebenden Dickicht. Deshalb müssen wir unser Haus ständig sauber halten und Acht geben, dass keines der Seelen verderbenden Insekten sich in die Schatzkammern der Seele einschleicht.

Wir müssen alle Plätze mit dem hl. Weihrauch des Gebetes beräuchern. Denn wie man die giftigen Tiere mit schärferem Mittel verscheucht, so vertreibt das Gebet mit Fasten die unreinen Gedanken.

81. Eine dieser Seelen verderbenden Bestien ist die Verführung durch jene, die behaupten, dass es das Schicksal gäbe, das sie Genesis nennen. Das ist der gefährlichste Stachel des Teufels. Ganz eifrige Seelen bedrängt er oft im Geist mit einer vergifteten Vorstellung, dann verschwindet er. Nachlässige Menschen aber beherrscht er. Unter denen, die der Tugend entsprechend leben, glaubt oder folgt niemand dieser wahnsinnigen und falschen Vorstellung. Sie glauben, dass Gott der Ursprung allen Gutes ist, des vergangenen und gegenwärtigen. Und zweitens erkennen sie den eigenen Willen als Führer und Richter über Tugend und Laster. Aber all die, die von Willensschwäche und Sorglosigkeit befallen sind, verfallen sofort diesem Dämon. Wie Kinder, die davon laufen und die Erziehung ihrer Eltern zu ihrem Besten nicht aushalten, ergreifen auch sie die Flucht, suchen einsame Orte auf und verbinden sich mit grausamen und wilden Dämonen. Denn sie schämen sich, ihre eigene Meinung als Grund ihres Tuns anzuerkennen; deshalb klagen sie fälschlich eine Macht an, die es gar nicht gibt.

82. Überdies wenden sie sich weiter vom Göttlichen ab und behaupten, dass es die „Geburtsbestimmung" (Genesis) sei, die sie zum Leben in der Lust dränge. Sie treiben Unzucht, stehlen, sind krank vor Habsucht und Betrügerei. Beschämt über ihr eigenes Tun, wenden sie sich von der Wahrheit ab. Das Ende ihres Verhaltens ist Verzweiflung, die in den Abgrund führt. Es ist unvermeidlich, dass man durch solche Gedanken Gott aus dem Leben verbannt und mehr noch, auch sein Gericht. Sie sagen nämlich: „Wenn für mich bestimmt wurde, dass ich ein Ehebrecher oder ein Habsüchtiger bin, dann ist das Gericht überflüssig. Die Bestrafung von freiwilligen Sünden ist gerecht. Aber die unfreiwillige Tat, die aus irgendeinem Ursprung kommt, lässt den Täter unschuldig. Und damit wird das Gericht abgetan."

83. Man muss auch hören, wie das Göttliche von ihnen zurückgewiesen wird. In ihrer Torheit sagen sie, das Göttliche ist das erste, das zweite oder das immer Mitexistierende. Wenn sie sagen, Gott ist der erste, dann folgt notwendigerweise daraus, dass alles von ihm geschaffen wurde und er in allem ist. Deshalb ist er selbst der Herr des Schicksals. Wenn nun je-

mand habgierig oder unzüchtig ist auf Grund der Geburtsbestimmung, dann ist Gott notwendigerweise auf Grund dieser Bestimmung der Urheber des Bösen; das jedoch ist unsinnig! Wenn sie aber sagen, das Göttliche ist das zweite, dann ist es offenkundig dem ersten unterworfen. Und was immer das Führende will, dem muss das Nachfolgende mit innerer Notwendigkeit folgen. Und wiederum ist für sie Gott der Urheber des Bösen; das aber ist gottlos! Wenn sie es schließlich mitexistierend wollen, dann stiften sie einen ständigen Streit zwischen zwei sich entgegengesetzten Prinzipien. Mit diesen Gründen sind ihre verkehrten Vorstellungen grundsätzlich widerlegt. Dazu sagt die Schrift: „Der Tor spricht in seinem Herzen: es gibt keinen Gott" (Ps 14/13,1) und: „Sie haben in die Höhe hinauf Torheit gesprochen" (Ps 73/72,8).

84. Sie entschuldigen mit Vorwänden ihre Sünden. In ihrer Verblendung verstümmeln sie sogar die Hl. Schriften, um so ihre verschrobenen Ansichten zu bekräftigen. Zuerst wollen sie mit dem Evangelium selbst ihr eigenes Gift ausspeien und setzen alle Kraft daran. Das Evangelium sagt: „Mit der Geburt Jesu Christi verhielt es sich aber so" (Mt 1,18). In der Tat hat die Hl. Schrift seine Geburt Genesis genannt. Doch seine Menschwerdung wurde im Blick auf das Heilswerk mit gutem Grund Geburt/Genesis genannt. Auch wenn sie Falsches über den Stern reden (vgl. Mt 2,2), dann sollen sie wiederum daraus seine herrliche Ankunft lernen. Für uns wurde der hell strahlende Stern zum Boten der Wahrheit; ihre verrückte Meinung aber führt viele in die Falle einer menschlichen Geburtsbestimmung. Genau damit kann gezeigt werden, dass das Böse immer sich selbst widerspricht. Sie rufen auch noch Jesaja zum Zeugen für ihre Torheit an, denn nach ihrer Meinung habe er gesagt: „Der Herr macht Frieden und schafft das Böse" (Jes 45,7). Dass der Friede Gottes Werk ist, das bekennen alle. Das Böse jedoch, das unter ihnen ist, ist das Böse ihrer Seele. Für uns ist das Böse, das von Gott kommt, überaus nützlich. Denn zur Erlösung der Seele und zur Züchtigung des Körpers kommen Hunger und Trockenheit, Krankheiten und Armut und all die anderen Plagen. Diese rettenden Heilmittel, die jene irrtümlich für Übel der Seele halten, sind gar keine Übel; sie werden nur auferlegt vom Allmächtigen zu unserer Bekehrung. „Denn wer ist der Sohn, den sein Vater nicht züchtigt?" (Hebr 12,7). Und das andere Wort: „Des Menschen Wege stehen nicht in seiner Gewalt" (Jer 10,23). Sie missverstehen diese Worte wiederum zu ihrem eigenen Untergang. Da

sie keine Wege haben, wollen sie welche ausfindig machen. Die Habsucht, die Essgier, die Unzucht sind doch kein Weg. Diese Laster sind ohne eigene Substanz und existieren gar nicht für sich. Jene Leute haben dennoch die Gewohnheit, die Laster Wege zu nennen. Die Schrift spricht von Wegen, die uns allen gemeinsam sind, das Leben und der Tod (vgl. Mt 7,13–14). Sie sind in Wahrheit Wege, der Eingang in dieses Leben, und die Auswanderung aus dieser sinnlichen Welt.

85. Diese vom bösen Geist Besessenen tun alles, um den freien Willen von sich abzuwenden und dieser Eifer bringt sie dahin, die Freiheit mit Knechtschaft zu vertauschen. Genau das ist das Werk des Bösen, sich immer zum Schlechteren hinabziehen zu lassen. So werden sie selbst zu Zeugen dafür, dass sie sich selbst an das Böse verkauft haben. Das ist die verführerische Kunst des Teufels, dass er die nachlässigen Seelen durch falsche Lehren abwärts drängt und nicht zulässt, dass sie sich zur Erkenntnis der Wahrheit erheben. Wie ein Schiff, das ohne Ruder fährt, immer hin und her geworfen wird, droht ihnen ständig Gefahr und sie sind nicht in der Lage, den rettenden Hafen zu erreichen, nachdem sie den Herrn als Steuermann aufgegeben haben.

Auf diese Weise führt der Teufel die Seelen, die sich ihm hingegeben haben, in die Irre. Häufig legt der Teufel mit diesen Künsten auch für die eifrigen Seelen einen Hinterhalt, um ihren guten Lauf abzuschneiden. Er flüstert ihnen zu, dass das gute Handeln vom Lauf der Sterne abhinge. Diesen Gedanken gibt der Widersacher denen ein, die sich von der weltlichen Weisheit zum einsamen Leben bekehrt haben. Denn erfahren im Bösen, legt der Teufel seine Fallen entsprechend der Natur der Menschen. Den einen ist er andauernd gegenwärtig in ihrer Verzweiflung; die anderen zieht er durch die eitle Ruhmsucht herab. Wieder andere begräbt er durch die Habsucht. Denn wie ein todbringender Arzt gibt er den Menschen Gift ein. Den einen vernichtet er durch die Leber, indem er ihm das Gift der Begierde eingibt. Den anderen macht er krank im Herzen, indem er seine Erregung bis zum Zorn treibt. Bei anderen wieder stumpft er den führenden Seelenteil ab, indem er sie mit Unkenntnis bedeckt oder durch übertriebene Geschäftigkeit zerstreut.

86. Einige hat er durch verkehrtes Nachforschen auf Abwege gebracht. Während sie Gott und sein Wesen verstehen wollten, erlitten sie Schiffbruch. Ohne dass sie sich im praktischen Leben geübt hätten, stürmten sie

in die Kontemplation, und von Schwindel erfasst, kamen sie zu Fall. Da sie das erste nicht der Ordnung entsprechend aufgenommen haben, verfehlten sie auch das zweite. Genau wie jene, die auf den Buchstaben A stoßen, zuerst seine Form sehen, zweitens über seinen Namen belehrt werden, danach die zahlenmäßige Bedeutung lernen und schließlich den Akzent begreifen. Wenn dort für den ersten Buchstaben solche Übung und Fertigkeit aufgebracht werden muss, wie viel mehr Mühe und Zeit ist dann für den Schöpfer nötig, wenn man zur Schau dessen kommen will, der unaussprechlicher Herrlichkeit würdig ist. Niemand aber soll sich rühmen, das Göttliche begriffen zu haben, indem er von weltlichen Studien ausgegangen ist. Solch einer täuscht sich selbst, verführt vom Dämon. Denn der Psalmist sagt: „Aus dem Munde von Kindern und Säuglingen hast du dir Lob bereitet" (Ps 8,2–3). Und der Herr sagt im Evangelium: „Lasst die Kinder zu mir kommen, denn für solche ist das Himmelreich" (Lk 18,16). Und an anderer Stelle: „Wenn ihr nicht werdet wie die Kinder, werdet ihr nicht in das Himmelreich eingehen" (Mt 18,3). Du wurdest belehrt für die Welt, jetzt werde ein Tor für Gott (vgl. 1 Kor 3,18). Schneide das Alte ab, damit du Neues pflanzen kannst. Reiße die brüchigen Fundamente ein, damit du sie ersetzen kannst durch die unzerstörbare Grundlage, die der Herr ist und du, gleich dem Apostel, auf dem festen Felsen aufgebaut wirst (vgl. Mt 16, 18).

87. Man darf nicht streitsüchtig sein. Mit langer Unterhaltung verbring nicht viel Zeit; denn der Teufel schadet schon durch unpassendes Geschwätz. Er stellt nämlich viele Fallen und ist ein erfahrener Jäger. Für die kleinsten Sperlinge spannt er die dünnsten Fäden, für die großen Vögel legt er die stärksten Netze aus. Eine gefährliche und tödliche Falle ist der Glaube an die Geburtsbestimmung. Jeder Gedanke daran muss unbedingt gemieden werden. Aber er überzeugt dich durch Taten und Vorauswissen. Doch die Sache beruht allein auf Vermutung, die Meinung bleibt unsicher. Denn nichts von dem, was sie gesagt haben, folgt notwendig. Genau wie einfache Leute und Matrosen aus der besonderen Art der Wolken eine gewisse Kenntnis über Regen und Wind haben, so haben diese Leute eine verschwommene Vorkenntnis durch die Dämonen. Sie geben Vermutetes als sicher aus wie die Bauchredner. Genau das kann ihre verkehrte Meinung widerlegen. Denn wenn ihre verlogenen Meinungen von den Dämonen kommen, dann ist die ganze Kunst dieser Berechner hinfällig.

88. Wenn nun der Feind fortfährt, seine Sache zu verteidigen, dann kannst du ihn dadurch widerlegen, dass er die Seele einmal mit diesen Argumenten, dann wieder mit jenen bekämpft. Das, was unbeständig ist, ist unsicher; das Unsichere aber ist dem Untergang nahe. Der Teufel ist nicht zufrieden mit seiner ersten Bosheit, vielmehr gibt er der Seele auch die Gedanken an ein automatisches Funktionieren der Natur ein. Er bestimmt unseren führenden Verstand als eine Blüte der Natur und sagt, mit der Auflösung des Körpers gehe die Seele mit ihm zugrunde. Das alles trägt er uns vor, um die Seele durch Nachlässigkeit zu verderben. Wenn diese düsteren Vorstellungen aufkommen, dann dürfen wir ihnen nicht zustimmen, als ob sie wahr wären. Solche Täuschungen machen ihre Bosheit offenkundig, indem sie einmal sich auf diesem Weg, ein andermal auf jenem Weg nähern und dann wieder in einem Augenblick (1 Kor 15,52) verschwinden. Ich habe einen Diener Gottes gekannt, der nach der Tugend lebte. Er saß in seinem Kellion und beobachtete, wie die schlechten Gedanken kamen und hielt fest, welcher als erster, welcher als zweiter kam, und wie lange jeder von ihnen anhielt und auch, ob sich das früher oder später als am vorausgegangenen Tag einstellte. Auf diese Weise lernte er genau die Gnade Gottes kennen, auch seine eigene Kraft und Stärke und schließlich auch die sichere Überwindung des Feindes.

89. Wir müssen uns deshalb an diese empfangenen Regeln halten. Diejenigen, die Handel treiben mit vergänglichen Gütern, zählen jeden Tag ihren Gewinn, mit Freuden stellen sie den Zuwachs fest und ärgern sich über den Verlust. Für die, die mit den wahren Schätzen Handel treiben, gehört es sich vielmehr, wachsam zu sein und nach noch mehr vom Guten zu streben. Und sollte sich da ein kleiner Diebstahl des Feindes ereignen, dann ist das wegen des Gerichtes durchaus ernst zu nehmen, aber nicht um zu verzagen oder wegen des unfreiwilligen Versagens alles aufzugeben. Du hast die 99 Schafe, suche also das eine, das verloren ist (vgl. Lk 15,4). Aber gerate nicht außer Fassung wegen des einen, du könntest sonst vom Herrn weglaufen, und der blutdürstige Teufel könnte die ganze Herde deiner guten Werke gefangen nehmen und vernichten. Laufe deshalb nicht davon wegen des einen Versagens. Gut ist doch der Herr. Er sagt ja durch den Psalmisten: „Auch wenn er strauchelt, er wird nicht stürzen; denn der Herr hält ihn an der Hand" (Ps 37/36,24).

90. Was immer wir in dieser Welt tun und gewinnen, das müssen wir für unbedeutend halten im Vergleich mit dem zukünftigen ewigen Gut. Wir sind doch auf dieser Welt wie in einem zweiten Mutterleib. In jenen inneren Räumen hatten wir kein solches Leben wie hier, denn wir hatten dort keine feste Nahrung, wie sie uns jetzt erfreut. Wir konnten auch nicht tätig sein wie wir es hier sind. Und wir waren auch ohne das Licht der Sonne und ohne jeden Glanz. Als wir in jenen inneren Gemächern waren, fehlten uns viele Dinge dieses Lebens. Genau so sind wir in der gegenwärtigen Welt Verarmte im Vergleich mit dem Himmelreich. Wir haben irdische Nahrung gekostet, lasst uns nach der göttlichen verlangen! Wir haben uns hier am Licht gefreut, lasst uns sehnen nach dem „Licht der Gerechtigkeit" (Mal 3,20). Lasst uns das „Jerusalem von oben" (Gal 4,26) als unsere Stadt und Mutter haben. Lasst uns Gott unseren Vater nennen (vgl. Mt 6,9; 23,9). Lasst uns hier besonnen leben, um das ewige Leben zu erlangen.

91. Wie die Kinder im Mutterleib mit wenig Nahrung und Lebensmöglichkeiten stark werden und auf diese Weise zu festerer Gesundheit kommen, ebenso ziehen sich die Gerechten aus diesem weltlichen Leben zurück auf den Weg, der nach oben führt. Es steht ja geschrieben: „Von Kraft zu Kraft" (Ps 84/83,8). Die Sünder aber werden von einer Dunkelheit in die andere gegeben gleich Embryonen, die im Mutterleib gestorben sind. Sie sind schon auf dieser Welt tot, zugedeckt von der Menge ihrer Sünden. Und wenn sie aus diesem Leben genommen werden, dann werden sie in die finsteren und höllischen Orte hinabgestürzt. Wir werden dreimal zum Leben geboren. Das erste Mal, wenn wir aus dem Mutterschoß kommen, und von Erde zu Erde hinübergehen. Die beiden anderen Geburten führen uns von der Erde zum Himmel. Die eine von ihnen geschieht aus Gnade, die uns durch das göttliche Bad zukommt. Sie nennen wir mit Recht Wiedergeburt. Die dritte Geburt wird uns durch unsere Bekehrung und guten Werke zuteil. Und in dieser leben wir jetzt.

92. Schwestern, nachdem wir zum wahren Bräutigam gerufen wurden, müssen wir uns sehr schön schmücken. Nehmen wir doch das Schauspiel einer weltlichen Hochzeit zum Vorbild. Wenn die Frauen, die mit einem Mann verbunden werden, der leicht zu erobern ist, solche Sorgfalt aufwenden für Bäder, Salben und bunten Schmuck – sie bilden sich ein, durch solche Dinge liebenswerter zu sein – wenn also sie, die nach dem

Fleische leben, eine solche Phantasie bewegt, um wie viel mehr müssen dann wir, die wir dem himmlischen Bräutigam verlobt sind, jene übertreffen und den Schmutz der Sünde durch strenge Askese abwaschen und die irdischen Gewänder mit geistlichen vertauschen. Jene Frauen schmücken ihren Körper mit weltlichen und mit irdischen Blumen. Wir wollen unsere Seele durch Tugenden glänzen machen. Statt kostbarer Steine setzen wir auf unser Haupt die dreifache Krone: Glaube, Hoffnung, Liebe. Um unseren Hals legen wir das kostbare Band der Demut. Statt mit einem Gürtel gürten wir uns mit Keuschheit. Und unser glänzendes Kleid soll die Armut sein. Zum Festmahl sollen uns unvergängliche Leckerbissen vorgesetzt werden: Gebete und Psalmen. Genau wie der Apostel sagt: „Bewege nicht nur deine Zunge, begreife auch im Geist, was gesagt ist" (vgl. 1 Kor 14,14). Denn häufig spricht der Mund, aber das Herz ist mit anderen Gedanken beschäftigt. Wir müssen auch darauf achten, dass uns, die wir zur himmlischen Hochzeit herantreten, keine Lampen fehlen, d.h. Tugenden (vgl. Mt 25, 1–13). Denn unser Bräutigam wird uns verschmähen und uns keineswegs aufnehmen, wenn er nicht erhält, was wir versprochen haben. Was aber sind unsere Versprechen? Sich wenig um den Leib kümmern, die Seele aber umso mehr pflegen. Das nämlich sind unsere Versprechungen ihm gegenüber.

93. Es ist unmöglich, gleichzeitig zwei mit Wasser gefüllte Eimer aus dem Brunnen in die Höhe zu ziehen. Denn wenn die Achse gedreht wird, gleitet der leere hinab, während der andere gefüllt heraufkommt. Das gilt auch für uns. Wenn wir alle Sorgfalt auf unsere Seele verwenden, dann erhebt sie sich gefüllt mit Tugenden und verbindet sich mit den überirdischen Dingen. Unser Leib, der durch die Askese leicht wird, kann die führende Kraft nicht mehr beschweren. Der Apostel ist Zeuge dafür, wenn er sagt: „Wenn auch unser äußerer Leib aufgerieben wird, so wird doch unser innerer erneuert" (2 Kor 4, 16).

94. Du lebst in einem Zönobium? Dann ändere deinen Ort nicht. Es würde sehr zu deinem Nachteil sein. Denn wie ein Vogel, der seine Eier verlässt, sie leer und unfruchtbar macht, so werden Jungfrau und Mönch kalt und ihr Glaube stirbt ab, wenn sie von einem Ort zum anderen wechseln.

95. Lass dich nicht verführen vom Luxus der Reichen dieser Welt, als ob er für dich irgendwie nützlich wäre. Um des Vergnügens willen schät-

zen sie die Kochkunst hoch. Du aber bist durch Fasten und Einfachheit dem Überfluss ihrer Nahrung überlegen. Die Schrift sagt doch: „Die Seele, die satt ist, verschmäht den Honig" (Spr 27,7). Stopfe dich nicht mit Brot voll und du wirst auch nicht nach Wein verlangen.

96. Drei Hauptstücke des Feindes sind es, aus denen alles Übel hervorgeht: Begierde, Lust, Traurigkeit. Eines hängt dabei vom anderen ab, und eines folgt auf das andere. Die Lust kann man im bestimmten Maße beherrschen. Aber unmöglich ist es, die Begierde zu beherrschen. Die Lust wird erreicht durch den Körper, die Begierde kommt aus der Seele, während die Traurigkeit von beiden zusammengebraut wird. Gib deshalb der Begierde keinen Raum, so wirst du die beiden übrigen verscheuchen. Wenn du jedoch das erste stark werden lässt, dann wird es sich auf das zweite verbreiten, beide werden untereinander einen wiederkehrenden Kreis bilden und die Seele durchaus nicht mehr entkommen lassen. Es steht ja geschrieben: „Gib dem Wasser keinen Ausfluss" (Sir 25,25).

97. Nicht alles passt für alle. Jeder Mensch sollte Vertrauen in seine eigene Veranlagung haben. Für viele ist das Leben in einem Zönobium nützlich. Für andere ist es hilfreich, sich allein zurückzuziehen. Wie bei den Pflanzen: die einen erblühen herrlich auf feuchtem Grund, während andere auf trockenem Grund kräftiger werden. So ist es auch bei den Menschen. Die einen fühlen sich wohl an erhabenen Orten, die anderen kommen zum Heil an niederen. So werden viele Menschen in der Stadt gerettet, indem sie im Geist in der Wüste weilen. Und viele, die sich in den Bergen aufhalten, gehen zugrunde, weil sie wie Stadtmenschen leben. Es ist durchaus möglich, mit vielen zusammenzuleben und im Geist allein zu sein und auch allein zu sein, aber im Geist in der Menge zu leben.

98. Viele Stacheln hat der Teufel. Hat er eine Seele nicht durch Armut bedrängen können? Er stellt den Reichtum als Köder vor Augen. Hat er seine Stärke nicht in Schmach und Schande zeigen können? Dann kommt er mit Lob und Ehre. Wurde er durch Gesundheit besiegt? Dann macht er den Leib krank. Konnte er einen Menschen nicht durch Lust auf Abwege bringen, dann versucht er durch unfreiwillige Anstrengungen den ungesuchten und ungewollten Umschwung der Seele zu bewirken. Er bringt Krankheiten, auch sehr schwere, wie auf eine Bitte hin, um die schwach gewordene Seele in ihrer Gottesliebe zu verunsichern. Auch wenn der Leib gemartert, von heftig brennendem Fieber ausgebrannt, von nicht zu

löschendem und unerträglichem Durst gequält wird, wenn du, der du ein Sünder bist, all diese Qualen ertragen musst, dann denke an die kommende Marter, an das ewige Feuer und die Bestrafung durch das Gericht; so wirst du in der gegenwärtigen Lage nicht verzagen. Freue dich, denn der Herr hat dich heimgesucht und bewahre auf deiner Zunge das verheißungsvolle Wort: „Schlagend hat mich der Herr geschlagen, aber er hat mich nicht dem Tode der Sünde preisgegeben" (Ps 118/117,18). Du warst wie Eisen, aber durch das Feuer bist du den Rost losgeworden. Auch wenn du krank geworden bist, obgleich du gerecht bist, wirst du doch fortschreiten vom Großen zum Größten. Du bist schon wie Gold, durch das Feuer wirst du noch wertvoller. Ein „Satansengel" (2 Kor 12,7) wurde dir in das Fleisch gegeben. Freue dich und bedenke, wem du ähnlich geworden bist. Denn du bist der Gabe des Paulus gewürdigt worden. Du wurdest im Feuer geprüft, gezüchtigt durch Kälte. Aber die Schrift sagt: „Wir sind durch Feuer und Wasser gegangen" (Ps 66/65,12). Dann bleibt, dass der Ort der Erfrischung bereitet wird. Du hast das Erste erfahren, erwarte nun das Zweite. Und während du dich abmühst, schrei die Worte des hl. David hinaus: „Elend, arm und voll Schmerzen bin ich" (Ps 69/68,30). Durch diese drei wirst du vollkommen werden. Die Schrift sagt ja: „In der Bedrängnis hast du mich weit gemacht" (Ps 4,2). Mit diesen Übungen vor allem müssen wir unsere Seele stark machen, denn wir sehen vor unseren Augen den Gegner.

99. Wir wollen nicht traurig sein, wenn wir wegen der Schwäche und Krankheit des Leibes beim Beten nicht stehen oder die Psalmen nicht singen können. All das hilft uns zur Reinigung von den Begierden. Denn das Fasten und das Schlafen auf dem Boden sind uns wegen der schändlichen Lüste vorgeschrieben. Wenn nun Krankheit sie abgestumpft hat, dann ist die Anstrengung überflüssig. Warum sage ich überflüssig? Weil selbst tödliche Gefahr durch Krankheit überwunden werden kann wie durch die bessere und stärkere Arznei. Das ist die große Askese: In Krankheiten stark bleiben und Danksagungen und Hymnen zum Allmächtigen emporsenden. Sind wir unserer Augen beraubt? Wir wollen es nicht verbittert ertragen. Denn wir haben die Organe unersättlicher Begier verloren. Doch mit unserem inneren Auge sehen wir die Herrlichkeit des Herrn wie im Spiegel (vgl. 2 Kor 3,18). Sind wir mit Stummheit geschlagen? Lasst uns auch dafür danksagen, weil wir vollständig das Hören leeren Geschwätzes verlo-

ren haben. Sind unsere Hände leidend geworden? Aber wir haben doch die inneren Hände gerüstet für den Kampf gegen den Feind. Beherrscht Krankheit den ganzen Körper? Gut, aber die Gesundheit des „inneren Menschen" (vgl. Röm 7,22) wird erstarken.

100. Wenn wir im Zönobium leben, Schwestern, dann müssen wir den Gehorsam der Askese vorziehen. Denn sie lehrt den Hochmut, jener verspricht Demut. Es gibt auch eine Askese, die vom Feind ausgeht. Seine Schüler nämlich praktizieren sie. Wie unterscheiden wir nun die göttliche und königliche Askese von der tyrannischen und dämonischen? Ganz klar durch das rechte Maß. Für alle Zeit halte dich an eine feste Regel des Fastens. Faste nicht vier oder fünf Tage, um am folgenden Tag mit einer Überfülle an Speisen deine Stärke wieder zu brechen. Genau das ist ein Vergnügen für den Feind. Die Maßlosigkeit ist immer zerstörerisch. Setze nicht alle deine Waffen auf einmal ein. Wenn du im Kampf unbewaffnet entdeckt wirst, wirst du leicht gefangen werden. Unsere Waffen sind der Leib, die Seele ist der Soldat. Trage für beide Sorge im Blick auf das, was notwendig ist. Bist du jung und gesund, dann faste. Das Alter wird mit seinen Schwächen kommen. Soviel du vermagst, sorge für Nahrung im Voraus, damit du sie findest, wenn du es nicht mehr vermagst. Faste jetzt mit Vernunft und Aufmerksamkeit. Gib Acht, dass der Feind sich nicht in dein Geschäft mit dem Fasten mischt. Es scheint mir, dass der Erlöser genau dazu gesagt hat: „Seid tüchtige Geldwechsler", d. h., lernt genau die königliche Prägung kennen. Denn es gibt auch falsche Prägungen. Die Natur des Goldes ist zwar dieselbe, aber die Prägung ist verschieden. Das Gold ist Fasten, Enthaltsamkeit und Almosengeben. Aber die dem Hellenentum anhängen (die Heiden), haben die Bilder ihrer Tyrannen darauf geprägt und auch alle Häretiker brüsten sich damit. Man muss sich deshalb vor ihnen hüten wie vor Falschmünzern. Gib Acht, dass du nicht unerfahren unter sie gerätst und zu Schaden kommst. Nimm deshalb in Festigkeit das Kreuz Christi an, auf dem die Tugenden eingeprägt sind, das heißt rechter Glaube mit guten Werken.

101. Wir müssen deshalb unsere Seele mit aller Unterscheidung lenken und da wir im Zönobium leben, Schwestern, dürfen wir nicht das Unsrige suchen noch Sklaven unseres eigenen Willens sein, vielmehr unserer Mutter im Glauben gehorchen. Wir haben uns selber in das Exil begeben, das heißt, wir leben außerhalb der irdischen Grenzen. Wir sind

deshalb Verbannte, suchen wir daher nicht mehr die gleichen Dinge. Dort hatten wir Ansehen, hier Verachtung. Dort hatten wir Überfluss an Nahrung, hier sogar Mangel an Brot. In der Welt werden die, die sich verfehlen, auch gegen ihren Willen in das Gefängnis geworfen. Wir begeben uns selbst wegen unserer Sünden in das Gefängnis, damit wir durch diese freiwillige Tat die kommende Bestrafung abwenden.

102. Du fastest? Schiebe keine Krankheit als Entschuldigung vor. Diejenigen, die nicht fasten, fallen doch in dieselben Krankheiten. Hast du mit dem Guten angefangen? Weiche nicht zurück, wenn der Feind sich dir entgegenstellt. Denn er wird durch deine Standfestigkeit vernichtet. Jene, die eine Seefahrt beginnen, haben zuerst günstigen Wind, nachdem sie ihre Segel ausgespannt haben. Später jedoch treffen sie auf Gegenwind. Aber die Seeleute erleichtern das Schiff nicht wegen des eingefallenen Windes. Sie legen vielmehr eine kleine Ruhepause ein oder kämpfen gegen den Sturm und setzen dann ihre Fahrt fort. So auch wir: Treffen wir auf Gegenwind, dann müssen wir das Kreuz als Segel anspannen und furchtlos unsere Reise fortsetzen.

103. Das sind die Unterweisungen der ehrwürdigen und ganz tugendhaften Synkletike, und zwar mehr durch ihre Taten als durch Worte. Und außerdem wurde von ihr Vieles und Großes zum Nutzen derer bekannt gemacht, die sie hörten und sahen. Solch eine Menge guter Dinge brachte sie zum Vorschein, dass die menschliche Zunge unmöglich alles davon berichten kann.

104. Doch der Teufel, der das Gute hasst, und diesen Überfluss an Gutem nicht ertragen konnte, geriet in Wut; er entwarf für sich einen Plan, wie er den Fortgang dieser nützlichen Dinge vereiteln könnte. Schließlich forderte er diese hochherzige Jungfrau zum letzten Kampf heraus. Hasserfüllt nahm er Rache an ihr, indem er seine Schläge nicht gegen ihre äußeren Glieder richtete, sondern die inneren Organe angriff und sie tief innen mit Schmerzen überfiel, so dass ihr menschliche Hilfe keinen Trost mehr bringen konnte.

105. Zuerst griff er das ganz notwendige Organ für das Leben, die Lunge, an und durch schlimmste Krankheiten steigerte er nach und nach seine Bosheit. Es war ihm erlaubt auf Grund ihres Gebetes, ihr Ende abzukürzen, aber wie ein blutdürstiger Henker zeigte er seine Grausamkeit in vielen Schlägen und über lange Zeit. Er zerriss nach und nach die Lunge

in kleine Stücke, die Synkletike mit dem Schleim ausspuckte und so brachte er die Lunge zum Verschwinden. Sie litt außerdem an ständigem Fieber, das ihren Körper wie eine Feile aufrieb.

106. Sie war schon achtzig Jahre alt, als der Teufel die Anfechtungen Ijobs auf sie übertrug. Er nahm damals nämlich die gleichen Geißeln in Gebrauch. Doch jetzt drängte er die Zeit zusammen, machte die Schmerzen noch grausamer. Der selige Ijob ertrug 35 Jahre lang seine Plagen. Jetzt aber nahm der Feind die Zeit der Dekaden weg – gleichsam als Erstlinge –, um die Plagen auf ihren hl. Leib zu werfen. Denn dreieinhalb Jahre kämpfte sie in ruhmvollem Leiden gegen den Feind. Im Falle des Ijob begann der Teufel mit Verwundungen von außen, bei Synkletike setzte er mit Martern im Inneren ein. Denn, indem er ihre inneren Organe angriff, häufte er auf sie größere und bittere Leiden. Ich glaube nicht, dass selbst die hochherzigsten Märtyrer so gekämpft haben wie die berühmte Synkletike. Denn jene griff der Mörder von außen an. Auch wenn er das Schwert gegen sie richtete, wenn er Feuer über sie brachte, das war milder als die Qualen, die sie jetzt ertrug. Ihre Eingeweide ließ er wie in einem Feuerofen brennen, langsam ließ er das Feuer von innen aufsteigen und wie mit einer Feile rieb er in langer Zeit ihren Körper auf. Doch es ist in der Tat grausam und unmenschlich davon zu reden. Wenn diejenigen, denen richterliche Vollmacht anvertraut ist, den Übeltätern strengste Bestrafungen auferlegen wollen, dann vernichten sie sie mit schwachem Feuer. Ebenso hat der Feind sie mit unaufhörlichen Martern von ihren Eingeweiden her Tag und Nacht gequält und durch das immer schwelende Fieberfeuer aufgezehrt.

107. Synkletike aber ertrug diese Bedrängnis tapfer und wurde nicht schwach im Geiste. Vielmehr setzte die Selige ihren Kampf gegen den Feind fort. Dazu vermochte sie mit ihren guten Unterweisungen auch die zu heilen, die von ihm verwundet waren. Denn sie entriss die noch unverwundeten Seelen sozusagen dem blutdürstigen Löwen. Und die verwundeten Seelen heilte sie mit den rettenden Heilmitteln des Herrn. Von denen, die nicht verwundet waren, bewahrte sie manche unverwundet. Denn indem sie ihnen die gefährlichen Fallen des Teufels aufdeckte, hielt sie diese frei von der Sünde.

108. Und die Wunderbare pflegte zu sagen, dass die gottgeweihten Seelen niemals nachlässig sein dürfen. Denn auf sie vor allem hat es der Feind abgesehen. Wenn sie im Frieden sind, knirscht er mit den Zähnen,

ist er überwunden, ärgert er sich, zieht sich ein wenig zurück, bleibt jedoch wachsam. Wenn sie dann ein wenig schläfrig werden, überfällt er sie wieder. Und genau in dem, worin sie meint, sorglos sein zu dürfen, wird er sie überlisten. Denn genauso wie es für die ganz Verdorbenen unmöglich ist, nicht einen kleinen Funken von Güte zu besitzen, so gilt auch das Gegenteil für die Guten. Denn etwas von denen, die untereinander kämpfen, findet sich auf der Gegenseite. (Denn ein Anteil der Kämpfenden findet sich im gegnerischen Feld.) Häufig ist ein Mensch doch bedrängt von allem Schändlichen und gefangen von aller Unbeherrschtheit, aber trotzdem ist er von Barmherzigkeit erfüllt. Und gar häufig leben die Eifrigen in Keuschheit, Fasten und strenger Askese, aber sie sind geizig und verleumderisch.

109. Es ist deshalb notwendig, die kleinen Dinge nicht zu vernachlässigen, als ob sie keinen Schaden stiften könnten. Auch Wasser weicht mit der Zeit den Stein auf. Das Größere, was die Menschen an Gutem besitzen, kommt ihnen doch von der göttlichen Gnade zu. Was aber klein zu sein scheint, von dem hat man uns gelehrt, es selbst zu vertreiben. Wenn deshalb der, der große Dinge mit Hilfe der Gnade bekämpft hat, das Kleine aber verachtet, so wird er großen Schaden erleiden. Denn unser Herr reicht seinen Kindern wie ein wahrer Vater seine Hand, wenn sie gerade zu gehen anfangen; und während er uns vor jener großen Gefahr bewahrt, gestattet er doch, dass wir uns in den kleineren Dingen selbst bewegen, sozusagen auf unseren eigenen Füßen, und so unsere Freiheit zeigen. Denn wer leicht im Kleinen besiegt wird, wie soll der in großer Gefahr bestehen können?

110. Von neuem nimmt der Hasser alles Gute wahr, wie Synkletike sich gegen ihn behauptet und ist empört. Er sieht auch, dass sie seine Tyrannei zerbricht; deshalb erfindet er eine andere Art von Übel, er verwundet ihre Sprechorgane, um ihr das gesprochene Wort abzuschneiden. Er meint, auf diese Weise könne er die Frauen, die bei ihr versammelt waren, vor Hunger nach dem göttlichen Wort zu Erschöpfung bringen.

Aber wenn er auch die Ohren ihres Dienstes beraubt, so muss er ihnen doch einen größeren Vorteil gewähren. Denn während die Frauen ihre Leiden mit eigenen Augen sahen, wurden sie stark im Geist. Die Wunden ihres Körpers heilten ihre verwundeten Seelen. Man konnte nämlich die Wachsamkeit und die Heilung derer wahrnehmen, die die Seelenstärke und Standhaftigkeit der Seligen sahen.

111. Dann lässt der Feind ihren Leiden folgenden Lauf nehmen. Nachdem er in einem Backenzahn Schmerzen verursacht hatte, ließ er das Zahnfleisch verfaulen. Der Knochen bricht heraus, das Geschwür breitet sich in der ganzen Mundhöhle aus und steckt auch die nächsten Glieder an. Innerhalb von vierzig Tagen ist der Knochen angefressen. Nach zwei Monaten zeigt sich ein Loch und alles, was darum war, wurde schwarz. Der Knochen selbst war ganz zerstört und löste sich nach und nach auf. Fäulnis und sehr übler Gestank bedeckten den ganzen Körper, so dass ihre Dienerinnen mehr leiden mussten als sie selbst. Die meiste Zeit zogen sie sich zurück, weil sie den unmenschlichen Gestank nicht ertragen konnten. Doch wenn es die Not erforderte, kamen sie wieder zu ihr, brannten eine Menge Räucherwerk ab und zogen sich wieder wegen des unmenschlichen Gestankes zurück. Aber die Selige sah den Widersacher klar und ließ es durchaus nicht zu, dass man ihr menschliche Hilfe entgegenbrachte. Gerade darin zeigte sie ihre männliche Kraft. Ihre Gefährtinnen drängten sie, wenigstens die kranken Stellen mit Öl salben zu lassen wegen ihrer Schwäche. Sie aber duldete es nicht. Denn sie war der Meinung, dass durch äußere Hilfe der glorreiche Kampf gemindert würde. Dann schickten ihre Gefährtinnen nach einem Arzt; er sollte, wenn möglich, sie überreden, eine Behandlung zuzulassen. Sie aber duldete es wiederum nicht und sagte: „Warum wollt ihr mich von diesem guten Kampf abhalten? Warum sucht ihr das Sichtbare und kennt das Unsichtbare nicht? Warum seid ihr so eifrig mit dem Geschaffenen beschäftigt und schaut nicht auf den Schöpfer?" Und der Arzt, der anwesend war, sagte zu ihr: „Wir bringen keine Heilmittel zur Gesundung oder Linderung; wir wollen nur den Teil, der schon zerstört und tot ist, begraben wie es üblich ist, damit die Anwesenden nicht gleichzeitig angesteckt werden. Sie bringen solches zu den Toten, und das wollen wir jetzt auch tun. Aloe, zusammen mit Myrrhe und in Wein getränkt, werde ich auflegen." Sie aber nahm den Rat an und ließ es zu, mehr aus Mitleid mit ihren Gefährtinnen. Und dadurch wurde der unmäßige Gestank gemindert.

112. Wer schauderte nicht beim Anblick so großer Leiden? Wer zog keinen Nutzen aus dem Anblick der Standhaftigkeit der Seligen und bei der Wahrnehmung, dass der Feind in ihr zu Fall gebracht worden war? Er hat seinen Schlag dorthin gerichtet, wo die Quelle ihrer rettenden und übersüßen Worte sprudelte. Und das Übermaß seiner Grausamkeit hat

jede Hilfe zunichte gemacht. Wie eine blutdürstige Bestie hat er allen Eifer derer, die bei ihr waren, verscheucht, um die gefallene Beute in Stücke zu zerreißen. Doch während er eine Mahlzeit suchte, wurde er selbst zur Speise. Gefangen wurde er wie an einem Angelhaken durch die Schwäche ihres Körpers. Er sieht eine Frau und verachtete sie, denn er erkannte ihren männlichen Sinn nicht. Er nahm nur leidende Glieder wahr, denn er war blind, unfähig die große Kraft ihres Geistes zu erkennen.

Drei Monate lang stritt sie weiter in diesem Kampf. Die göttliche Kraft stützte ihren Körper. Alles, was zum Erhalt des Körpers nötig war, wurde vermindert. Deshalb war sie ohne Nahrung; denn wie hätte sie Nahrung zu sich nehmen können, da doch Fäulnis und Gestank sie beherrschten. Zurückgezogen von ihr hatte sich auch der Schlaf, vertrieben von ihren Schmerzen.

113. Als die Vollendung des Sieges und die Krone nahe waren, durfte sie Gesichte schauen: den Beistand der Engel, die Ermutigung der hl. Jungfrauen für ihren Hinübergang, das Leuchten von unaussprechlichem Licht und das paradiesische Land. Und nach der Schau dieser Wunder – gleichsam wieder zu sich selbst gekommen – ermahnte sie die anwesenden Frauen, sich tapfer zu verhalten und sich nicht entmutigen zu lassen vom Gegenwärtigen. Sie sagte zu ihnen: „In drei Tagen werde ich von meinem Körper scheiden." Und nicht nur das offenbarte sie, sondern auch die Stunde ihres Scheidens von dieser Welt. Und als die Zeit vollendet war, ging die selige Synkletike zum Herrn und empfing von ihm das himmlische Königreich als Lohn ihrer Kämpfe zu Ehre und Lob unseres Herrn Jesus Christus zusammen mit dem Vater und auch dem allerheiligsten Geist für immer und ewig. Amen.

> Herr, Gott der Mächte
> auf die Fürsprache der Gottesgebärerin,
> die alles Preisens würdig ist,
> die meine feste Hoffnung ist,
> und der Väter,
> deren Lebensgeschichte ich mit Begeisterung und
> Eifer gesammelt habe,
> würdige mich, den Sünder, Gnade in deinen
> Augen zu finden nach den Urteilen,
> die du kennst.

Hier sind die Reden der heiligen Synkletike zu Ende, wie sie von dem seligen Arsenius aus Pegades festgehalten (aufbewahrt) sind, genau ihrer Reihenfolge entsprechend.

ASKETINNEN

Asketinnen in den Apophthegmata Patrum[1] – insbesondere die Amma Synkletike

Apophthegmata Patrum sind Sprüche/Worte der Väter, genauer der ägyptischen Mönchsväter (-mütter) aus der Zeit von etwa 350–500. Sie gehören in die geistliche Unterweisung des frühen Mönchtums hinein. Diese Unterweisung (geistliche Begleitung) fordert die Gewissenseröffnung vor dem geistlichen Vater: „Über nichts freut sich der Teufel so sehr wie über die Brüder, die ihre Gedanken nicht offenbaren."[2] Dem Vater wird dabei die größere Erfahrung zugestanden: „Frage deinen Vater und er wird es dir verkünden."[3] Auf Grund seiner Erfahrung wird ihm die Gabe (charisma) der Unterscheidung (diakrisis, discretio) zugestanden; er kann deshalb raten, weisen, auch befehlen und verbieten: „Wenn möglich soll der Mönch den Vätern im Vertrauen sagen, wie viele Schritte er geht, wie viele Tropfen Wasser er im Kellion trinkt, um ja nicht daneben zu greifen."[4] Das Väterwort wird als Wort zum Heil, zur Erlösung erbeten: „Sag mir ein Wort, wie ich gerettet werde?" Das Wort ist dann Wort zum Heil, geistbegabt und geistgewirkt. Mit diesem Gewicht soll und muss es zur Tat werden.

Die Apophthegmata sind ursprünglich gesprochene Worte, hineingesprochen in eine bestimmte Lebenssituation. Sie sind behalten und weitergegeben worden. In der Weitergabe konnte die ursprüngliche Frage- bzw. Antwortsituation weggelassen werden und das Wort als unerfragtes Wort weiterleben. Schließlich konnten Worte neu geprägt, bekannten Autoritäten zugeteilt oder als „herrenloses" Spruchgut weitergesagt und verbreitet werden.

Die Verschriftlichung dieser mündlichen Unterweisung hat wohl um das Jahr 400 begonnen, zögerlich zuerst und nur in knappen Spruchsamm-

---

1 Vortrag in Beuron im Rahmen der Tagung „Frauen im frühen Mönchtum" am 29. Juli 2000, publiziert in: Jakobus Kaffanke (Hg.): „... weil sie mehr liebte." Frauen im frühen Mönchtum. – (Wegschritte; Tagungsberichte der Beuroner Tage für Spiritualität und Mystik, Erzabtei St. Martin, Beuron). – 113 S., kart., – Beuron: Beuroner Kunstverlag, 2002.
2 Poimen 101.
3 Dtn 32,7; Antonius 37.
4 Antonius 38.

lungen. Aber dann hat der Sammlungsprozess rasch eingesetzt und sich im 5. und 6. Jahrhundert durchgesetzt.

Die sammelnde und ordnende Tätigkeit führte zu zwei großen Sammlungen:

Alphabetische Sammlung (Alphabetikon). Die Väterworte sind nach ihren Sprechern/Sprecherinnen alphabetisch geordnet. Die Sammlung beginnt mit Antonius, endet mit Abbas Or. Die alphabetische Ordnung gilt nur für die Buchstabenfolge; innerhalb des Buchstabens war wohl das Ansehen des Sprechers Platz bestimmend: Antonius, Arsenius, Agathon usw. Ein Abraham steht an 9. Stelle, nach strenger alphabetischer Ordnung müsste er am Anfang stehen. Das gilt für alle Buchstaben: die drei Sprecherinnen stehen jeweils am Ende ihrer Buchstaben.

In der ursprünglich alphabetischen Sammlung treten 128 Sprecher und 3 Sprecherinnen auf. Dabei ist jedoch der Raum des ägyptischen Mönchtums in einzelnen Fällen ausgeweitet: Basilius der Große, Gregor von Nazianz, Epiphanius von Salamis, Ephraem der Syrer, Johannes Cassian sind als Wortgeber aufgenommen. Den 131 Namen sind dort 948 Worte zugeteilt. Eine inzwischen veröffentlichte Ergänzung (Supplement) bringt noch einmal 51 Worte.

Verwandt mit diesem Alphabetikon ist eine sog. *Anonyme Sammlung*. Verwandt, weil sprecherorientiert wie das Alphabetikon. Aber die Sprecher bleiben fast ganz namenlos (ein Vater sagte, ein Bruder sagte, wieder sagte einer, usw.).

Systematische Sammlung. Die Sammler waren da nicht an den Sprechern/ Sprecherinnen interessiert, sondern an einer inhaltlichen Sachordnung oder an einer systematischen Unterweisung im geistlichen Leben. Die alphabetische Ordnung wird aufgelöst und das Spruchmaterial nach sachlichen Einheiten neu geordnet. Stichworte sind da: Herzensruhe, Zerknirschung, Selbstbeherrschung, Gebet, Gehorsam, Armut u. a.

Die Sammlungen sind in Griechisch, Lateinisch und in orientalischen Sprachen auf uns gekommen und auch in Druckausgaben veröffentlicht (z.B. Alphabetikon: PG 65; systematische Sammlung: PL 73 = lateinische Übersetzung aus dem 6. Jh.). Zuverlässige kritische Editionen sind bislang nur teilweise erstellt worden. – Das gesamte bekannte Spruchmaterial wurde zusammengestellt und in französischer Übersetzung veröffentlicht von L. Regnault, Les sentences des Pères du Désert, Solesmes 1966–1985 (5 Bände). Deutsche Übersetzung: B. Miller, Weisung der Väter, Freiburg 1965 (Alphabetikon und Auswahl aus der systematischen Sammlung). Englische Übersetzung: B. Ward, The Sayings ot the Desert Fathers, London 1980 (Alphabetikon).[5]

Frauen in den Apophthegmata Patrum

Die asketisch-monastische Welt der Apophthegmata ist eine männliche Welt. Das geht nicht einfach auf das Konto einer inklusiven Sprache, auch nicht auf das Konto eines Verschweigens oder gezielten Nichtbeachtens der Frau. In den geographischen Zentren: Sketis, Kellien, Nitra mit ihren Eremitenkolonien finden sich praktisch keine Frauen. Hier wird die Wüste bestimmt als „der Ort, wo es keine Frau gibt".[6]

Damit behaupte ich keineswegs, dass es im ägyptischen Mönchtum keine Asketinnen gegeben habe. Außerhalb der eigentlichen eremitischen Zentren gab es sie ohne jeden Zweifel. Sie lebten in großen und kleinen Gemeinschaften und weiterhin als Asketinnen in Dörfern und Städten. Die „Mönchsgeschichte" des Palladius berichtet mit besonderer Aufmerksamkeit und spürbarer Anteilnahme vom weiblichen Asketentum; sie geht dabei jedoch weit über Ägypten hinaus. Für Ägypten kann der statistische Befund aus den Pachomianerklöstern nicht übersehen werden: Neben neun Männerklöstern stehen dort nur zwei Frauenklöster (Tabennese und Bechne). Auf die monastische Landkarte Ägyptens gehört das weibliche Mönchtum durchaus. Aber noch einmal: für die Welt der Apophthegmata ist weibliches Mönchtum eine marginale Erscheinung. Die Wüsteneinsamkeit gilt als Ort, der für Frauen nicht passend ist: „Lehre aber deine Schwestern und Töchter, keine weite Reise zu unternehmen und nicht ungeprüft zu den Orten der Einöde zu eilen. Dies ist nämlich einer jeglichen Seele, die sich aus der Welt zurückgezogen hat, fremd."[7]

---

5   Zitate aus dem Alphabetikon: Vätername und Nr. eines Spruches. Bei Zitaten aus anderen Sammlungen übernehme ich die Nummerierung von L. Regnault.
6   Sisoes 3.
7   Evagrius Ponticus, Brief 8,2 an Melania die Ältere.

Nach Asketinnen in den Apophthegmata zu suchen, ist sicher von vornherein ein mühsames Unternehmen. In den 38 Antoniussprüchen kommt keine Asketin in den Blick; das gleiche gilt von den 44 Sprüchen des Arsenius, der zweiten Großgestalt des Alphabetikons. Erst bei Abbas Besarion – an 18. Stelle im Alphabetikon – taucht eine weibliche Asketin auf. Sie haust in einer Höhle, gilt als Bruder und erst nach ihrem Tod wird sie als Frau entdeckt. Besarion kommentiert die Entdeckung: „Siehe, auch Frauen ringen den Satan nieder, und wir in den Städten führen uns schändlich auf."[8] Diese Frau konnte sich in der Wüste offensichtlich nur in der Verkleidung als Mann behaupten. Der fromme Transvestismus – der hagiografischen Literatur ganz vertraut – findet sich in den Apophthegmata nur noch einmal: Anastasia, eine Patrizierin aus Konstantinopel, die sich im 6. Jahrhundert an den Rand der Sketis zurückzog, dort als Reklusin lebte und ihrer frommen Umgebung als Eunuch galt.[9]

In den folgenden Ausführungen geht es nicht um Frauen in den Apophthegmata allgemein. „Asketinnen" werden gesucht, die als Sprecherinnen von Heilsworten in die Sammlungen aufgenommen wurden. Sie stehen als Amma/Mutter an der Seite des Abbas/Vater, denen die Gabe des Wortes zugestanden wird. Die alphabetische Sammlung kennt nur drei Frauen dieser Art. Die anonyme Sammlung beschert unter 763 Sprüchen nur den einen Spruch einer sonst unbekannten Amma Eugenia (Nr. 1447): „Es ist für uns nützlich zu betteln und mit Jesus allein zu sein. Denn wer sich in der Gemeinschaft mit Jesus befindet, ist reich, auch wenn er materiell arm ist. Wer jedoch die irdischen Güter den geistlichen vorzieht, wird beide verlieren. Wer aber nach den himmlischen Gütern verlangt, wird auch die irdischen erhalten."[10]

1. Amma Theodora

Von Amma Theodora teilt die alphabetische Sammlung sieben Worte mit. Dazu kommen drei Worte im Supplement. Eine eigene Überlieferung in anderen Sammlungen ist nicht festzustellen. Die festgehaltenen Worte ge-

---
8 Besarion 4.
9 Anonyme Sammlung, Nr. 1596,2.
10 Anonyme Sammlung: L. Regnault, Bd. 5, S. 148.

hören zu den zeit- und ortlosen Apophthegmata. Im ersten Wort allerdings ist Bischof Theophil von Alexandrien ihr Gesprächspartner. Er leitete die ägyptische Metropole in den Jahren 385–412 und hatte lebhafte Beziehungen zu den ägyptischen Mönchen. Die Apophthegmata lassen spürbare Zurückhaltung dem hohen Herrn gegenüber erkennen. Während des ersten Origenesstreites hatten nicht wenige der ägyptischen Mönche unter seinem harten Regiment zu leiden. Trotzdem bleib seine Erinnerung erhalten und das Alphabetikon hält fünf Worte des Bischofs fest. In der Ordnung des Alphabetikons folgt die Amma Theodora unmittelbar auf den alexandrinischen Bischof. Das kann die Vermutung nahe legen, dass der Name des großen Bischofs nur aus diesem Grunde in das Theodora-Wort eingesetzt wurde. Als unbedingt gültige Zeitmarke kann die Namensangabe deshalb nicht gelten.

Stellen wir die Bedenken zurück, so erscheint Amma Theodora in ihrem ersten Wort als Fragende und passt damit in die weit verbreitete Form des Väterwortes, das von einer Frage veranlasst wurde. Theodora fragt den Bischof nach dem Sinn von Kol 4,5 und Eph 5,16: „Kaufet die Zeit aus." Die Frage nach der Bedeutung eines Schriftwortes ist keineswegs singulär. Die Antwort passt wiederum in das asketische Milieu. Das Pauluswort gehe auf geistigen Gewinn aus. Ein solcher ist zu erreichen, wenn wir in der verbleibenden Zeit Widriges auf uns nehmen. Da Theodora die Fragende ist und Theophil der Antwortende, gehört das Apophthegma eigentlich zu den Theophilworten. In dieser Zuweisung findet man es auch in der armenischen Sammlung.

Die restlichen sechs Worte der Amma Theodora sind unerfragte Worte. Sie werden einfach eingeleitet: Amma Theodora sprach (Spruch 2), wiederum sagte sie (3–5), wiederum erzählte Amma Theodora. Was die Worte im Supplement angeht, so antwortet sie zweimal auf Fragen (Supplement 953: unpersönlich; 955: einer der Alten fragt), einmal (954) erzählt sie ohne Aufforderung.[11]

Nach diesen formalen Beobachtungen jetzt zum Inhalt der Theodora-Sprüche. Man findet in ihnen die bekannte asketisch-monastische Unterweisung. Zweimal ist sie am biblischen Wort aufgehängt (Kol 4,5 / Eph 5,16; Mt 7,13). In der anwendenden Auslegung wird zum Ertragen des

---

[11] Das Supplement – griechisch ediert von J.C. Guy – in französischer Übersetzung bei L. Regnault, Bd.4.

Widrigen ermuntert und Bedrängnisse und Anfechtungen als sicherer Weg zum Himmelreich gewiesen (vgl. auch 7). In den anderen Worten wird das Leben in der Herzensruhe (hesychazein) und ihre Bewahrung empfohlen (3), zur Demut (6) und Geduld (4a; 954) aufgefordert. Einmal will sie einen Manichäer widerlegen (4b) und einmal gibt sie Auskunft über die Auferstehung: „Dafür haben wir als Unterpfand, Modell und Erstling den, der gestorben und auferweckt worden ist für uns, Christus unseren Gott" (955). Wie man unter weltlicher Konversation doch ganz bei Gott bleiben könne, wird sie gefragt; die Antwort: „Wenn du bei Tisch sitzest und es gibt dort viel Fleisch, dann nimm ein wenig, aber ohne Vergnügen. Ebenso mach es, wenn weltliches Gerede an dein Ohr dringt, dann bewahre dein Herz in der Hinkehr zu Gott; dann wirst du das Gerede ohne Vergnügen hören und keinerlei Schaden nehmen" (953). Unvermittelt bringt sie in Spruch 5 ein Portrait des guten Lehrers: „Er (didaskalos) muss fern sein der Herrschsucht, der Ruhmsucht, dem Stolz; er darf sich nicht durch Schmeichelei zum Gespött machen lassen, nicht blenden lassen durch Geschenke, nicht von der Esslust beherrschen und nicht vom Zorn hinreißen lassen. Er muss großzügig sein, milde und so bescheiden wie möglich; bewährt und beharrlich, aufmerksam und ein Freund der Seelen." Dieser Lehrerspiegel kann in das Genus der Oberenspiegel der monastischen Literatur eingefügt werden und bleibt ganz im Rahmen des Bekannten. Zu bemerken ist lediglich, Theodora spricht vom Lehrer (ho didaskalos) und alle Adjektive sind in die männliche Form gesetzt. Ein spezifisch frauliches Milieu scheint da nicht auf. Dazu noch eine Beobachtung. Theodora hat ihre Spruchbelehrung zum Teil mit Beispielen illustriert. In Spruch 4 fordert sie die Hesychia für die Jungfrau und den Mönch (einzige Vorkommen von Parthenos in den Theodora-Sprüchen). Im illustrierenden Beispiel erzählt sie von einem Mönch, der nur mit größter Mühe diese Ruhe des Herzens bewahren konnte. In Spruch 5 ist es ein „frommer Mann" (eulabes), der eine Lästerung widerspruchslos erträgt. In Spruch 6 wird ein Anachoret darüber belehrt, dass nur die Demut zum Sieg über die Dämonen führt. In Spruch 7 ist es wiederum ein Mönch, (tis monachos), dem die dämonischen Anfechtungen an seinem Platz zu viel werden und der deshalb weggehen will. Als er seine Sandalen anlegen will, sieht er einen anderen Menschen, der ebenfalls die Sandalen anzieht und fragt ihn: „Du gehst doch nicht meinetwegen fort?" Und eine Antwort:

„Sicher, ich gehe dir voran, wohin immer du auch gehst!" Dem Teufel entkommt man nicht durch Flucht. In die kleine Erzählung ist eine generelle Regel eingepackt: Nicht den Ort verändern, sondern seinen Geist/Seele, eben sich selbst!

Ein spezifisch frauliches Profil ist auch bei dieser Durchsicht in den Theodora-Sprüchen nicht zu entdecken. Von der einmaligen Erwähnung der Parthenos abgesehen, werden Frauen nicht erwähnt. Theodora spricht in das monastische Milieu hinein; die intendierten Adressaten können dann Frauen und Männer sein. Für beide erhält Theodora den Rang der geistlichen Mutter; die Rolle der Lehrerin wird ihr wie selbstverständlich zugestanden.

2. Amma Sarrha (Sara)

Die zweite Sprecherin ist Amma Sarrha.[12] Im Alphabetikon steht sie an zweitletzter Stelle unter dem Buchstaben S, gefolgt von Synkletike. Die Einordnung in das Alphabet entspricht der von Theodora. Auch diese schließt den Buchstaben Th ab.

Sarrha ist nur aus den Apophthegmata bekannt. Auch dieses Geschick teilt sie mit Theodora. Ort und Zeit bleiben ganz im Ungewissen. Nach Spruch 3 habe sie sechzig Jahre lang am Ufer des Nils gelebt. Das lässt auf eine milde Form von Anachorese schließen, denn das Nilufer ist bewohntes und belebtes Land. Einmal wird sie mit einem Abbas Paphnutios in Verbindung gebracht.[13] Sie lässt bei Paphnutios anfragen... Paphnutios (= Gottespforte) ist ein häufiger Name in der ägyptischen Mönchswelt. Einer dieser Paphnutii lebte in der Gegend von Herakleos.[14] Diese Ortsangabe lässt sich mit Sarrha verbinden; zeitlich wird an das späte 4. oder 5. Jahrhundert zu denken sein.

Im Alphabetikon stehen 8 Worte der Sarrha; im Supplement kommt ein Wort hinzu (991). Je ein Wort ist in der armenischen Sammlung

---

12   Sara wird in einigen byzantinischen Heiligenkalendern mit Gedenktag am 13. Juli erwähnt. – Bibliotheca Sanctorum, Bd. XI, S. 662–3.
13   Supplement 985.
14   Herakleos/Hercleopolis, südlich von Fayum, ist eine bekannte Stadt am Nil.

(II 19 = 7,35)[15] und in der systematischen Sammlung des Paschasius von Dumio (80,2) überliefert.[16]

Ihrer Struktur nach sind die elf Sarrha-Sprüche in zwei Gruppen zu teilen. Die erste Gruppe – Alphabetikon 1–4 und 8 – besteht aus kleinen Erzählungen über die Amma, wobei die Erzähler nicht genannt werden („man erzählt von ihr"; „man sagte von ihr"). Die zweite Gruppe – Alphabetikon 5–7, dazu das armenische Wort – bilden echte Worte der Amma. Alle vier Worte sind nicht erfragt. Die Einleitungsformel heißt einfach: Amma Sarrha sagte; wiederum sagte sie. Zur ersten Gruppe gehört die schon erwähnte biografische Notiz, nach der Sarrha sechzig Jahre lang am Nil gelebt habe, ohne sich jemals hinabgebeugt zu haben, um sein Wasser zu sehen, wohl als Auskunft über ihre Selbstbeherrschung zu nehmen. Zwei andere Erzählungen berichten von ihren inneren Kämpfen: Dreizehn Jahre lang habe sie schwer gegen den Dämon der Unreinheit (Porneia) zu kämpfen gehabt. In ihrem Gebet habe sie nicht um das Aufhören des Kampfes gebetet, sondern um Gottes Hilfe im Kampf: „O Gott, gib mir Kraft" (1). Einmal habe sich das Pneuma der Porneia ihr leibhaftig gezeigt und ihr gestanden: „Sarrha, du hast mich besiegt." Sie gab ihm zur Antwort: „Nicht ich habe dich besiegt, sondern mein Herr Christus" (2). In einer dritten Geschichte wird Sarrha mit zwei bedeutenden Anachoreten konfrontiert, die sie besuchen und wohl von ihrer geistigen Kraft beeindruckt waren. Denn beim Weggehen wollten sie die alte Frau demütigen und sagten zu ihr: „Gib Acht und denke nicht überheblich, indem du sagst: ,Die Anachoreten sind zu mir gekommen, obwohl ich eine Frau bin.'" Darauf Sarrha: „Der Natur nach bin ich eine Frau, nicht jedoch in meinem Denken" (4).

Dazu passt die Geschichte in Spruch 8, die Amma Sarrha besondere Einsicht bescheinigt. Einmal kamen Mönche aus der Sketis zu Amma Sarrha. Als aufmerksame Gastgeberin stellt sie ihnen ein Körbchen mit Früchten vor. Die Gäste lassen die guten Früchte stehen und essen die verdorbenen. Sarrha nimmt das staunend zur Kenntnis: „Wirklich, ihr seid echte Sketioten."

---

15 L. Regnault, Bd. 2, S. 253.
16 J.G. Freire, A Versao Latina por Pascásio de Dume dos Apophthegmata Patrum, Coimbra 1971, Bd.1, S. 305.

Schließlich die letzte Geschichte, die bei Paschasius von Dumino zu finden ist. Sarrha war unterwegs und musste über einen kleinen Bach springen. Ein Weltmensch beobachtete sie und lachte; der Sprung war wohl keine sportliche Glanzleistung. Sarrha sprach zu dem Weltmenschen: „Schweige, du sollst auseinander brechen" (tace, rumparis). Und wie sie sich umdrehte, sah sie seine Eingeweide herausgebrochen. Da war sie von Schrecken erfüllt und betete: „Mein Jesus, erwecke ihn wieder, und ich werde nie mehr solch ein Wort sagen." Die Schauergeschichte ist kein peinlicher Ausrutscher in der monastischen Literatur. Ihr größerer Rahmen ist das Strafwunder, zu dem der Gottesmann und hier eben die Gottesfrau fähig ist. Paschasius fasst die Sarrha-Geschichte mit der ähnlichen Geschichte eines namenlosen Mönches zusammen unter der Frage, ob die Heiligen immer wissen, wann die Gnade Gottes über sie kommt? Sie wissen das nicht immer! Auch Sarrha war sich nicht bewusst, dass Gottes Gnade über sie gekommen war und ihr Wort deshalb sofort zur Tat wurde. Stellen wir das peinliche Unbehagen an der Geschichte beiseite, dann bleibt die Auskunft: Die hl. Frau kann in gleicher Weise wie der Mann mit der Kraft Gottes – der strafenden und der helfenden – begabt sein.

Ein Blick auf die zweite Gruppe, die reinen Sprüche Sarrha's. Da will sie im ersten Wort „ein reines Herz gegen alle Menschen haben" (5). Dann will sie vor jeder Entscheidung sich den Tod vor Augen halten (6). Schließlich nimmt sie auf menschliche Unvollkommenheit Rücksicht: „Auch der Menschen wegen Almosen zu geben ist gut. Denn wenn es auch nur geschieht, um bei den Menschen angesehen zu sein, so wird es doch darauf hinausgehen, dass man auch Gott gefällt" (7). Der Spruch aus der armenischen Überlieferung benennt die Adressaten: „Sarrha sagte zu ihren Schwestern." Der Spruchsammler stellt Sarrha als Wortführerin, vielleicht als Lehrerin, im Kreis ihrer Schwestern vor. Die kurze Belehrung gibt in diesem Fall Auskunft über die Mönche: „Sie haben uns Frauen gegenüber drei Vorteile. Erstens, sie können mit unverhülltem Gesicht umherschauen; zweitens, ihr Denken ist männlich und mutig; drittens, der Satan liefert ihnen mehr Angriffe als uns. Sie werden deshalb auch die Vergeltung entsprechend diesen Mühen erhalten."

Damit ist Amma Sarrha als Wortgeberin, als geistbegabte Sprecherin vorgestellt. Dass kleine, anekdotische Erzählungen über sie im Umlauf sind, zeugt von ihrer Bekanntheit und von festgehaltener Erinnerung an sie. In dieser Erinnerung lebt sie als entschlossene, mutige Kämpferin gegen teuflische Angriffe. Sie will die Kämpfe aushalten – „Gott, gib mir Kraft!" – wohl wissend, dass es das kampflose geistliche Leben nicht gibt. Damit steht sie ganz im Einklang mit der Weisheit der Wüste, die der große Antonius auf den Punkt gebracht hat: „Nimm die Versuchungen weg, und keiner wird gerettet werden."[17] Der Einklang mit Lehre und Praxis des ägyptischen Wüstenmönches ist ebenso aus den knappen Worten der Amma herauszuhören. Ich erinnere an Spruch 6: „Wenn ich meinen Fuß auf die Leiter setze, um hinaufzusteigen, dann halte ich mir den Tod vor Augen." Die Leiter darf mit der Himmelsleiter verbunden werden. Damit sollte jeder Schritt ein Aufsteigen auf dieser Leiter sein. Wert und Würde kommt dem Aufstieg zu, indem der Tod vor Augen gehalten wird, was nichts anderes heißt, als das Sterben in das Leben hereinholen. Aus der Benediktusregel wird knapp festgehalten: „Den unberechenbaren Tod täglich vor Augen haben."[18]

Die Beziehung zur Außenwelt wird nur kurz gestreift. Sarrha will nicht einmal das Nilwasser sehen (3). Und die Menschen? Sie kennt das Verlangen, von den Menschen anerkannt, geschätzt zu werden. Aber wenn sie diesem Verlangen nachgibt, wird man sie bittend vor jeder Tür finden. Sie zieht es deshalb vor, ein reines Herz gegenüber allen Menschen zu haben (5) und auf die sicht- und hörbare Anerkennung der Menschen zu verzichten.

Schließlich kommt in den Sarrha-Sprüchen auch die Beziehung von Mann und Frau zur Sprache. Sarrha ist eine Frau; ein larmoyantes Selbstmitleid kann nicht entdeckt werden. Sie kann neidlos von Vorzügen des Mönchs reden. Sie kann ebenso neidlos den Mönchen aus der Sketis mit Lob und Auszeichnung begegnen, und sie verteidigt ihre Würde gegenüber den stolzen Eremiten aus der Gegend von Pelusium: „Gut, ich mag ja eine Frau sein, das gilt aber nur der Natur, nicht meinem Denken nach; in meiner inneren Haltung jedoch bin ich es nicht." Was sie da ist, spricht Sarrha nicht aus. Nach der Mentalität des frühen Mönchtums hätte sie deutlicher werden und sagen können: In meinem Denken bin ich dem Mann gleich geworden. Sarrha hat sich nicht frei gemacht vom vorherrschenden Diktat einer Inferiorität des Weiblichen. Aber im gleichen Atem-

---

17 Antonius 3.
18 Regula Benedicti, cap. 4,47

zug macht sie sich die bekannte Behauptung einer spirituellen Gleichstellung von Mann und Frau zu Eigen. Das kann am letzten Sarrha-Spruch noch einmal illustriert werden. Überlegen, vielleicht auch mit einigem Humor, sagt die Amma dort zu den Brüdern: „Ich, ja ich bin ein Mann und ihr seid Frauen!"[19]

3. Amma Synkletike[20]

Amma Synkletike steht als letzte Sprecherin im Alphabetikon des Buchstabens S. Mit 18 Sprüchen ist sie dort quantitativ gut vertreten; das Supplement bringt noch einmal 10 Sprüche (992–1001). Die 28 Sprüche geben keinerlei Auskunft über Ort und Zeit der Sprecherin. Von Spruch 5 abgesehen, der als erfragtes Wort ausgegeben wird („als sie einmal gefragt wurde"), gehören alle anderen Synkletike-Sprüche in die Kategorie der unerfragten Worte. Die Angesprochenen und in dem einen Fall die Fragenden bleiben völlig unbestimmt.

Nun beschert uns die altkirchliche Literatur die Lebensgeschichte einer hl. Synkletike: Leben (Bios) und Wandel (Politeia) der hl. und sel. Lehrerin Synkletike. Ohne Schwierigkeiten kann diese hl. und sel. Lehrerin mit der Sprecherin in den Apophthegmata identifiziert werden. Die Lebensgeschichte ist unter dem Namen des großen Athanasius von Alexandrien (gest. 373) überliefert worden, gehört jedoch sicher nicht zu den authentischen Werken des Athanasius. Sie muss bis heute als anonymes Werk gelten. Sie mag im 5. Jh. geschrieben worden sein. Eine Entstehung in Alexandrien/Ägypten darf angenommen werden, ebenso die Prägung durch die altkirchliche Virginitätsaskese.

An diese Lebensgeschichte, so wertvoll sie ist, dürfen keine falschen Erwartungen gestellt werden. Wer immer sie geschrieben hat, hatte seine feste und klare Absicht. Diese lag nicht im Bereich genauer historischer Auskunftsvermittlung. Formal ist die Vita mit ihren 113 Kapiteln in zwei Teile zu gliedern: Die Biografie füllt die ersten 21 Kapitel und wird erst am Schluss wieder aufgenommen (Kap. 103–113). Dazwischen steht als ei-

---

19 Supplement 991.
20 Als hl. Jungfrau im byzantinischen und auch im römischen Martyrologium mit Gedenktag am 5. Januar erwähnt – Bibliotheca Sanctorum, Bd. XI, S. 1209–1210.

gentlicher Kern dieser Lebensgeschichte ein langer Lehrvortrag der Synkletike (Kap. 22–103). Die Vita ist deshalb ein langer Lehrvortrag in biografischem Rahmen, wobei dieser Rahmen ganz auf den Vortrag hingeordnet ist.[21]

Die „biografische Auskunft"

In den ersten Kapiteln wird Synkletike vorgestellt. Als Heimat wird Alexandrien angegeben, wohin ihre Vorfahren aus Makedonien eingewandert waren. Der glühende Christusglauben der Stadt habe sie angezogen. Geburts- und Lebenszeit der Synkletike werden nicht angegeben. Sie sind belanglos. Schon ihr Name bestimmte sie für „die himmlische Versammlung der Heiligen". Sie galt als sehr schöne Frau aus gutem Haus, mit besten Anlagen, die von Jugend auf nur das eine Lebensziel kennt: das jungfräuliche Leben. Eine innere Bekehrung gibt es auf diesem Lebensweg nicht. Synkletike widersteht allen elterlichen Heiratsplänen. Schon in ihrer frühen Jugendzeit zeigt sie sich deshalb als „treue Schülerin der hl. Thekla". Christus sei für beide Frauen der einzige „Brautwerber" (mnester), der Apostel Paulus der einzige „Brautführer" (nymphagogos) gewesen und die Kirche das einzige Brautgemach (pastos). Trotzdem zögert die Biografie nicht, Synkletike über Thekla zu stellen, denn die Paulusschülerin sei vom Teufel nur von außen angegriffen worden, während Synkletike sich auf einen lebenslangen inneren Kampf mit dem Teufel einzulassen hatte, der ihr mit gefährlichen und zerstörerischen Gedanken zusetzte.[22]

Der geradlinige und zielstrebige Lebensweg mündet schließlich in eine äußere Bekehrung. Mit dem Tod der Eltern gewinnt die junge Frau die Freiheit, den eigenen Lebensentschluss zu verwirklichen. Das geschieht in der Besitzaufgabe zugunsten der Armen und im Wohnungswechsel. Aus der Stadt Alexandrien zieht sie in die Grabanlage (hereion) eines Verwandten am Rande der Stadt, wohin sie ihre blinde Schwester mitnimmt. Der Ortswechsel – es ist der Übergang vom Familienasketismus in die ei-

---

21 Text PG 28, 1488–1557; Acta Sanctorum Januar I 242–57: lateinischer Text. Eine kritische Edition ist von A. S. E. Parker (Amsterdam) angekündigt. – In den letzten Jahren erschienen mehrere Übersetzungen. Französisch: O. B. Bernard, Bellefontaine 1972; Englisch: E. H. Castelli, Minneapolis 1990; E. B. Bongie, Totonto 1995; Italienisch: M. Todde, Mailand 1989. Eine moderne deutsche Übersetzung fehlt, sie wird von mir vorbereitet. – In diesem Buch veröffentlicht (Anm. des Hrsg.)
22 Vita 8.

gentliche monastische Askese – wird durch eine eindrucksvolle Geste unterstrichen. Synkletike habe bei dieser Gelegenheit ihre Haarpracht (plokamos) gestutzt und damit alle weltliche Pracht abgelegt. Die Biografie sieht in dieser Tat den Verzicht auf ein weiteres Leben unter den Bedingungen und Erwartungen dieser Welt und für das Festmachen ihres Geistes in Einfalt und Reinheit.[23]

Synkletike war für diesen Schritt gerüstet. Sie wird bald bekannt und als geistliche Mutter anerkannt. Frauen kommen zu ihr, um bei ihr Rat und Hilfe für ihr geistliches Leben zu suchen: „Wie können wir gerettet werden?" Mit einigem Zögern – „wir haben doch alle den einen gemeinsamen Lehrer"[24] lässt sie sich in diesen seelsorgerlichen Dienst nehmen.

Die Biografie verzichtet jetzt auf jede weitere konkrete Angabe zu Lebensweg und -geschichte. Hält Synkletike sich weiterhin im Gräberfeld auf oder hat sie eine freundlichere und humanere Umgebung aufgesucht? Der große Antonius hatte einst sein asketisches Leben auch bei den Gräbern begonnen und danach andere Orte auf gesucht! Die biografische Einführung hatte nur das eine Ziel, Synkletike's Lehrbefähigung und Lehrberechtigung zu erweisen:

„Es ist gefahrvoll, wenn einer lehren will, der sich nicht zuvor im praktischen Leben (= Askese) bewährt hat. Das ist so, wie wenn einer, der ein baufälliges Haus besitzt und darin Gäste aufnimmt, diese durch den Einsturz des Hauses zu Schaden bringt. Denn so richten die, die sich zuvor nicht fest aufgebaut haben, diejenigen zu Grunde, die sich ihnen anschließen."[25]

Die Unterweisungen der Synkletike füllen nun lange Seiten der Vita.[26] Erst danach wird der biografische Faden wieder aufgenommen. Die Amma ist inzwischen 80 Jahre alt geworden, ein schlimmes Leiden zehrt in dreieinhalb Jahren ihre Lebenskraft auf. Gleich Ijob bleibt sie standhaft in diesen Schmerzen, übertrifft in diesen Leiden selbst die „edelsten Märtyrer."[27] Nach genauer Voraussage ihrer Todesstunde „geht Synkletike hinüber zum Herrn, um für ihre Kämpfe das Himmelreich zu erhalten".[28]

---

23 Vita 11.
24 Vita 21.
25 Vita 79 = Spruch 12.
26 Kap. 22–102; in 103 wird auf weiteres Lehren verwiesen, das wiederzugeben nicht möglich ist.
27 Vita 103.
28 Vita 113.

Der Lehrvortrag[29]

Der Lehrvortrag wird mit der Heilsfrage – „wie kann ich gerettet werden" – derer, die Synkletike aufsuchten, begründet. Das entspricht apophthegmatischer Tradition; dort wird die Antwort im kurzen Heilswort gegeben. Synkletike jedoch trägt eine lange Rede vor:

> *„Meine Kindlein, wir alle, Männer und Frauen, wissen durchaus um den Weg zum Heil. Allein durch unsere Nachlässigkeit kommen wir vom Weg ab, der zur Erlösung führt."*[30]

Synkletike beginnt mit unmittelbarer Anrede. Die Zuhörerschaft scheint plötzlich erweitert: Männer und Frauen werden angeredet. Im nächsten Kapitel wird von neuen Fragen der Frauen berichtet, was zu neuer Rede der Synkletike führt. Dann verschwindet das Fragen und Antwortgeben. Die für die Apophthegmata typische dialogische Struktur ist aufgegeben. Das Auditorium ist auf die Rolle des aufmerksamen Zuhörers verwiesen; von Einwänden, Rückfragen oder drängendem Weiterfragen wird die Lehrerin in ihrem monologisierendem Diskurs nicht gestört. Die Distanz zu den Hörenden wird da und dort durch das „wir" der Redenden abgeschwächt: Sie ist selbst von der Sache Betroffene.

Auch szenische Zwischenbemerkungen fehlen fast ganz. Zu Beginn des 30. Kapitels ist so etwas zu entdecken.

> *„Das war wirklich ein himmlisches Gastmahl (Symposion) für die anwesenden Frauen. Die Krüge der Weisheit stimmten sie fröhlich. Die selige Synkletike schenkte ihnen den göttlichen Trunk ein, und eine jede erhielt, was sie wollte."*

Im Kapitel 60 stößt man auf eine zusammenfassende Bemerkung, nach der die versammelten Frauen sich über die Reden freuten und weiter aushielten, weil sie die volle Sättigung in diesen guten Dingen noch nicht erreicht hatten. Damit ist ungestörtes Weiterreden von neuem begründet.

Die Rede ist nach Rahmen, Einleitung und den wenigen Zwischenbemerkungen an ein weibliches Auditorium gerichtet. Der Text stiftet jedoch einige Verwirrung. Manchmal ist die weibliche Form durch die Grammatik genau ausgewiesen, aber dann finden sich auch eindeutig grammatisch männliche Formen. Liegt eine Unaufmerksamkeit der Schreiberhand vor? Eher wird das Auditorium bewusst ausgeweitet auf

---

29 Vita 22–102.
30 Vita 22.

allgemein asketische Kreise; Männer und Frauen sind schon am Anfang der Rede angesprochen.

Was in der fiktiven Rede Synkletike in den Mund gelegt wird, fügt sich ganz in die altkirchliche Virginitätsaskese ein. Die Zentralthemen dieser Unterweisung werden aufgenommen. Dabei lassen sich inhaltliche und literarische Abhängigkeiten ausmachen. Ohne eine eigene Quellenuntersuchung vorzulegen, kann auf Evagrius Ponticus (gest. 399), den großen Lehrer aus der sketischen Wüste, als wichtigen Gewährsmann verwiesen werden. Auch Johannes Cassian (gest. 430/435) hat einigen Einfluss ausgeübt. Wenn in Vita 81–88 Synkletike energisch den astrologischen Fatalismus, „eine Seelen verschlingende Bestie", zurückweist und menschliche Freiheit und Eigenverantwortung verteidigt, dann erinnert das an Methodius von Olympos (3. Jh.), der in seinem Symposion, einer Schrift über christliche Jungfräulichkeit, ebenfalls dagegen polemisiert.[31] Auch die schon erwähnte Charakterisierung der Gesprächsrunde Synkletike's als Symposion führt zu dem altkirchlichen Autor zurück.

Die Apophthegmata der Amma Synkletike

Von der Rede zum Einzelspruch

Die 28 Logien stehen bis auf ein Wort in der langen Rede der Synkletike-Vita. Für die einzige Ausnahme – Spruch 11 – ist eine literarische Vorlage ausfindig gemacht worden: Hyperechius, Adhortatio ad monachos (Nr. 73–74). Das Verhältnis von Vita und Apophthegmata ist am besten so zu erklären, dass die Einzelsprüche der Amma aus ihrer langen Rede heraus gebrochen wurden.[32]

Bei Spruch 1 lautet die Einleitungsformel: „Amma Synkletike sagte." Danach heißt es nur noch verkürzt: „Sie sagte wiederum"; die lateinische Übersetzung variiert diese stereotype Formel ein wenig. Die einzelnen Worte sind in keiner erkennbaren Logik aus der Rede herausgebrochen. So kommt Spruch 1 aus Vita 60, Spruch 2 aus 24, Spruch 3 aus 80 usw.; dieses Springen gilt auch für die 10 Sprüche im Supplement. Im Ganzen

---

31 Symposion 8, 13–17: Rede der Thekla.
32 Die Synkletike-Sprüche des Alphabetikons sind auch in die systematische Sammlung übernommen. Die Sammlung vermehrt jedoch das Spruchmaterial der Synkletike nicht. Entsprechend der systematischen Anlage wird Synkletike hier zur Autorität für bestimmte asketische Grundhaltungen.

sind es nur 25 Kapitel der Rede, die Sprüche für die Apophthegmata-Sammlung liefern.

Auch in der Art wie der Redakteur der Apophthegmata die Synkletike-Rede zerstückelt und in die Spruchform übertragen hat, lässt sich kein einheitliches Vorgehen entdecken. Spruch 6 z. B. gibt das ganze Kapitel der Rede 94 wieder. Spruch 14 bricht gerade zwei Zeilen aus Kapitel 26. Spruch 15 und 16 sind dem längeren Kapitel 100 entnommen. Dabei sind die ersten drei Zeilen zu Spruch 16 geworden; die nächsten 11 Zeilen werden zu Spruch 15 und der Rest, obwohl inhaltlich dazugehörend, bleibt unberücksichtigt. Spruch 17 ist aus den ersten Zeilen des folgenden Kapitels 101 übernommen.

Die Übernahme in die Apophthegmata bringt nicht nur eine exzerpierende Zerstückelung der Synkletike-Rede. Unter der Hand geschehen da grammatische Veränderungen, die zwar nicht zu neuen Inhalten führen, aber zu einem veränderten Auditorium bzw. Lesepublikum. So wird in Spruch 2 das weibliche Subjekt der Vita 24 in die männliche Form verändert. Das gleiche gilt für die Sprüche 5 (aus Vita 30) und 15 (aus Vita 100). In den gleichen Kontext gehört die Änderung in Spruch 6 (aus Vita 94). Die Vita sagt, Beständigkeit im Koinobion sei unerlässlich für die Jungfrau und den Mönch; der Spruch stellt die Folge um: für Mönch und Jungfrau.[33] Im Spruch 17 wird aus „der Mutter dem Glauben nach, der in allem zu gehorchen ist"[34], „der Vater, dem ... " Diese Textänderungen lassen zweifellos das weibliche Milieu der Synkletike-Rede verschwinden. Aber einmal wurde schon darauf verwiesen, dass die Rede in ihrer Adressatenbenennung nicht ganz konsequent ist und einen erweiterten Adressatenkreis ahnen lässt. Zum anderen wird mit den Veränderungen Synkletike zur Lehrerin aller gemacht; die Frau kann Frauen und Männern in gleicher Weise das „Wort des Heiles" sagen. Eine geschlechterspezifische Unterweisung stand im altkirchlichen Mönchtum bestimmt nicht im Vordergrund. In der Praxis, im Alltag galt die Geschlechtertrennung. Auf der Ebene der geistlich-asketischen Unterweisung ist die Geschlechterdifferenz sicher nicht

---

33   Diese Folge findet sich allerdings auch in Vita 80, ohne Parallele in den Apophthegmata.
34   Vita 100.

bestimmend. Dem „schwachen Geschlecht" ist die gleiche Vollendung versprochen; ihm wird auch der gleiche Weg dorthin zugemutet.[35]

Zum Inhalt

Die Heilsworte der Amma Synkletike bieten die Unterweisung der großen Rede in Kurzform. Sie wird zerstückelt und häppchenweise dargereicht. Spruch 1 (Vita 60) gilt den anfangenden Asketen:

„Die zu Gott aufbrechen (d.h., die asketisch leben wollen), haben am Anfang Kampf und vielerlei Beschwerden. Danach stellt sich jedoch unaussprechliche Freude ein."

Diese Auskunft ist Allgemeingut asketischer Unterweisung. Eine Erinnerung an die Benediktusregel, Prolog 48–49[36], drängt sich auf. Im Supplement ist einleitend eine zweite allgemeine Maxime vor Augen gestellt:

„Viele, die in den Bergen leben (d.h. in asketischer Einsamkeit) verhalten sich wie die Menschen in den Städten und gehen zugrunde. Man kann durchaus in der Menge leben und Einsiedler im Geiste sein, man kann ebenso für sich allein leben, im Innern aber doch ein Massenmensch sein."[37]

Nicht jeder Mensch ist zur Einsamkeit berufen; es gilt seine eigene Berufung zu erkennen. Ist es der Weg des asketischen Lebens, dann stellt Synkletike dann zwar „unaussprechliche Freude" in Aussicht. Allein der Weg dorthin bleibt beschwerlich und gefährdet, bleibt man doch immer ein anfangender Mensch.[38] Deshalb bietet sie für diesen Weg unerlässliches Rüstzeug an: Größte Besonnenheit und Aufmerksamkeit, mit der alle Sinne beherrscht werden.[39] Dazu gehört die vollkommene Besitzlosigkeit, die zwar nicht leicht auszuhalten ist, die aber zur inneren Ruhe verhilft:

---

35 Paschasius von Dumio bringt in seiner systematischen Sammlung 5 Synkletike-Sprüche aus dem Alphabetikon. Er hat jedoch den Namen der Synkletike unterdrückt und die Worte männlichen Sprechern (ein Greis, Vater, Bruder) zugewiesen.
36 Die Benediktusregel, Beuron, 1992. – (Prolog Vers 48) „... dann lass dich nicht sofort von Angst verwirren und fliehe nicht vom Weg des Heils; er kann am Anfang nicht anders sein als eng."
(Vers 49) „Wer aber im klösterlichen Leben und im Glauben fortschreitet, dem wird das Herz weit, und er läuft in unsagbarem Glück der Liebe den Weg der Gebote Gottes."
37 Vita 97.
38 Vgl. Benediktusregel, Kap.73.
39 Spruch 2 = Vita 24.

> *"Wie die groben, festen Kleider beim Waschen mit den Füßen getreten und kräftig durchgewalkt werden, so wird die starke Seele durch die freiwillige Armut noch stärker."*[40]

Synkletike fügt das Maßhalten in der asketischen Praxis hinzu; übertriebene Askese lehnt sie ab: Sie kommt vom Teufel, und Maßlosigkeit ist immer von Übel.[41] Zur maßvollen Askese gehört das Ertragen der Widrigkeiten des Alltags[42], wobei sie besonders körperliche Leiden benennt: „In Krankheiten tapfer aushalten und Dankhymnen zu Gott empor senden."[43] Mit gleicher Insistenz werden Geduld mit anderen Menschen[44] und die Demut im Umgang mit ihnen eingefordert.[45] Und die Notwendigkeit dieser Haltung unterstreicht sie in anschaulichem Bildwort:

> *„Wie es unmöglich ist, ein Schiff ohne Nägel zu bauen, so ist es unmöglich, ohne Demut gerettet zu werden."*[46]

Denen, die in Gemeinschaften leben, empfiehlt sie nachdrücklich den Gehorsam[47] und die Beständigkeit:

> *„Wenn du in ein Koinobion gekommen bist, so ändere deinen Aufenthalt nicht. Denn du würdest davon großen Schaden nehmen. Wenn der Vogel von seinen Eiern aufsteht, werden sie leer und unfruchtbar, so auch der Mönch und die Jungfrau, wenn sie von Ort zu Ort ziehen, dann erkaltet ihr Glaube und stirbt ab."*[48]

Zu Mt 10,16b („Seid klug wie die Schlangen ...") meint die erfahrene Lehrerin, damit sei gemeint, „dass uns die Angriffe und Methoden des Teufels nicht fremd sein sollen."[49] Zur Angriffstaktik gehört, dass sie nie aufhören, sondern heftiger werden:

> *„Je mehr Fortschritte die Wettkämpfer machen, desto stärker ist der Gegner, gegen den sie kämpfen."*[50]

---

40 Spruch 5 = Vita 30.
41 Spruch 15 = Vita 100.
42 Spruch 7 = Vita 98.
43 Spruch 8 = Vita 99; vgl. Spruch 7 = Vita 98; Spruch 9 = Vita 102.
44 Spruch 13 = Vita 64.
45 Spruch 11 = Hyperechius.
46 Supplement 8 = Vita 56.
47 Spruch 17 = Vita 101.
48 Spruch 6 = Vita 94. Vgl. auch Antonius 10: „Wie die Fische verenden, wenn sie auf dem trockenen Land bleiben, so auch die Mönche, die außerhalb ihrer Zelle herumziehen...".
49 Spruch 18 = Vita 28.
50 Spruch 14 = Vita 26.

Und die Wettkämpfer müssen die entsprechenden Gegenmittel anwenden:

„*Wie die Gift spritzenden Tiere von noch schärferen Kräutern vertrieben werden, so vertreibt Gebet mit Fasten die schlechten Gedanken.*"[51]

In der Lebensgeschichte der hl. Synkletike ist eine eindrucksvolle Lehrerin des asketischen Lebens dargestellt, wobei Leben und Reden als Einheit erfasst sind. Wer immer dieses Werk verfasst hat, kann weder für den biografisch-hagiografischen Teil noch für den Redeteil besondere Originalität beanspruchen. Da folgt er der typisierenden Biografie einer asketisch lebenden Frau und legt ihr vertraute und anerkannte Lehre in den Mund. Originalität darf das Werk jedoch darin beanspruchen, dass es eine Frau als Lehrerin einführt. Das geschieht ohne jedes Bedenken, auch ohne umständliche Verteidigung. Darin hat die Vita einen Vorläufer in Methodius von Olympos, der seine Virginitätslehre von einem Kreis von Jungfrauen vortragen ließ. Beide Texte sahen in 1 Kor 14,34 offensichtlich kein Hindernis für ihre literarischen Schöpfungen. Sie waren eher von Tit 2,3 beeindruckt und anerkannten „die Frau als Lehrmeisterin des Guten".

---

51 Spruch 3 = Vita 80.

Verzeichnis der Abkürzungen

AB	Analecta Bollandiana
Anm.	Anmerkung
AP	Apophthegmata Patrum
ASS	Acta Sanctorum
Aufl.	Auflage
Bd./Bde.	Band / Bände
bzw.	beziehungsweise
BKV	Bibliothek der Kirchenväter
Cap./cap.	Capitulum/-a
CIC	Codex Juris Canonici
CSEL	Corpus Scriptorum Ecclesiasticorum Latinorum
d.h.	das heißt
ed.	editiert
gest.	gestorben
Hl./hl.	heilig
Jh.	Jahrhundert
Kap.	Kapitel
Nr.	Nummer
PG	Patrologia Graeca
PL	Patrologia Latina
RAC	Rivista di Archeologica Christiana
S.	Seite
Sel./sel.	selig
SC	Sources chrétiennes
sog.	so genannt
u.a.	und andere
usw.	und so weiter
vgl.	vergleiche
z.B.	zum Beispiel

Die Abkürzungen der biblischen Bücher sind der Einheitsübersetzung entnommen.

In dieser Reihe sind bereits erschienen:

Band 1:
Gabriel Bunge OSB
Auf den Spuren der Heiligen Väter
Erneuerung des abendländischen Mönchtums
aus Geist und Buchstabe der Regula Benedicti
64 Seiten, € 9,90   ISBN 978-3-87071-136-8

Band 2:
Sophronia Feldhohn OSB / Jakobus Kaffanke OSB
Sich täglich den Tod vor Augen halten
Sterbeberichte früher Mönche und Nonnen
104 Seiten, € 11,90   ISBN 978-3-87071-137-5

Band 3:
Evagrios Pontikos
Über die acht Gedanken
übersetzt und eingeleitet von Gabriel Bunge OSB
80 Seiten, € 9,90   ISBN 978-3-87071-161-0

Band 4:
Antoine Guillaumont
An den Wurzeln des christlichen Mönchtums
übersetzt und eingeleitet von
Dr. Hagia Witzenrath OSB, Abtei Herstelle
208 Seiten, € 14,90   ISBN 978-3-87071-162-7

Band 6:
Evagrios Pontikos
Der Praktikos
Übersetzt, eingeleitet und kommentiert von
Gabriel Bunge OSB
336 Seiten, € 19,90   ISBN 978-3-87071-170-2

Auswahl der weiter geplanten Titel (noch nicht lieferbar):

Michaela Puzicha OSB
Die Heilige Schrift in der Regel Benedikts

Basilius von Caesarea.
Ermahnung an den geistlichen Sohn
Übersetzt von Anselm Roth OSB,
eingeleitet von Pia Luislampe OSB

Adalbert de Vogüe
Unter Regel und Abt
Schriften zu Benedikt und seinen Quellen

Über den geistlichen Kampf.
Katechese des Mönchsvaters Pachomius
Übersetzt und eingeleitet von
Franziskus Christoph Joest

Bestellen Sie die Bände einzeln (nur bereits erschienene Bände) oder als Fortsetzungsreihe.
Sie bekommen dann automatisch jeden neuen Band bequem nach Hause gesandt.
Sichern Sie sich so Ihre Exemplare dieser limitierten Auflagen.

Beuroner Kunstverlag
Abteistraße 2
88631 Beuron
Tel: 07466/17-228
Fax: 07466/17-209

Email:
info@beuroner-kunstverlag.de
Internet:
www.beuroner-kunstverlag.de